보통 아이들도
스트레스
받는대요!

들녘미디어

Die Kapitän-Nemo-Geschichten by Ulrike Petermann
ⓒ 2001 ELVIKOM Film-Verlag GmbH, Essen, Germany
All rights reserved.

Korean Translation Copyright ⓒ 2005 by Dulnyouk Media Publishing Co.
The Korean Translation rights arranged through Eastern Insight Agency, Seoul, Korea

본 저작물의 한국어판 저작권은 이스턴 인사이트 에이전시를 통한 ELVIKOM Film-Verlag GmbH와의 독점계약으로 도서출판 들녘미디어가 소유합니다.
저작권법에 의하여 한국 내에서 보호를 받는 저작물이므로 무단전재와 복제를 금합니다.

보통 아이들도 스트레스 받는대요!

Die Kapitän-Nemo-Geschichten

문용린 추천 · **김붕년** 감수
· **울리케 페터만** 지음 · **선우미정** 옮김

들녘미디어

보통 아이들도 스트레스 받는대요!
ⓒ 들녘미디어

초판 1쇄 발행_2005년 2월 25일

지은이 l 울리케 페터만
옮긴이 l 선우미정
펴낸이 l 이정원

펴낸곳 l 도서출판 들녘미디어
등록일자 l 1995년 5월 17일
등록번호 l 10-1162

주소 l 서울시 마포구 서교동 394-14 명성빌딩 2층
전화 l 마케팅 02-323-7849 편집 02-323-7366
팩시밀리 l 02-338-9640
홈페이지 l www.ddd21.co.kr

값은 뒤표지에 있습니다. 잘못된 책은 구입하신 곳에서 바꿔드립니다.
ISBN 89-86632-64-0(03850)

🐟 추천의 글

경쟁, 선택, 소유가 범람하는 시대를 살아가는 어린이들

서울대학교 교육학과 교수 문 용 린

이 책은 아주 특이한 책이다. 대다수의 책들이 지식과 정보를 제공하거나 읽는 재미를 공급하기 위한 것이라면, 이 책은 긴장이완이라는 특수한 주제를 다룬 책이다. 더 정확히 그 특이성을 말하자면, 이 책은 긴장이완을 위한 지식과 정보를 제고하는 책이 아니라 읽는 것 자체가 긴장을 이완시키게 되는 그런 책이라는 것이다.

이 책은 아주 드문 책이다. 어린이의 긴장이완을 전문적으로 다룬, 세계에서 몇 안 되는 중요한 책 중 하나이기 때문이다. 이 책의 저자인 울리케 페터만 박사는 어린이를 위한 긴장이완 치료의 최고전문가이다. 그는 독일 브레멘 대학 병원에서 이 분야

치료에 전념해왔고, 지금은 도르트문트 대학에서 장애인 재활, 심리치료, 행동장애 치료에 대한 강의와 임상에 헌신하고 있다.

이 책의 주제는 '어린이를 위한 긴장이완'이다. 어린이 긴장이완이 왜 중요한 주제일까? 현대사회는 경쟁과 선택과 소유가 범람한다. 어른들만이 아니라 어린이들조차도 일찍부터 친구들과 경쟁을 해야 하며, 의식주 등 모든 면에서 선택의 고민을 하지 않으면 안 되며, 더 크고 더 멋있는 것에 대한 소유욕에 휩쓸리게 마련이다. 여기에서 발생하는 불안과 스트레스는 점점 더 커지고 있다.

그런데 대다수의 어른들은 이런 긴장과 불안과 스트레스에 대처하는 방법을 나름대로 습득하여 적절하게 활용하며 살고 있다. 그러나 어린이는 다르다. 그들은 불안과 스트레스에 대한 대처방법과 해소방법에 대해서 잘 모른다. 즉 불안과 스트레스로부터 자기 자신을 보호할 수 있는 능력을 아직 제대로 갖추지 못하고 있는 것이다.

그래서 불안과 스트레스가 지나치게 클 경우, 이로부터 오는 심리적·행동적 장애는 상당히 심각해질 수 있다. 예컨대 집중력 저하, 불안 강박 증세, 의욕저하 및 침체, 두려움, 변덕 및 과도한 긴장감 등이 나타난다. 이런 증세는 친구관계, 학교적응 그리고 자기관리에 장애를 일으킬 수 있다.

그렇다면 이런 심각한 상태에 있는 어린이들이 과연 얼마나 될까? 페터만 교수에 의하면, 독일의 경우 소아와 청소년 중 약 10~15퍼센트가 치료를 필요로 할 정도의 심각한 부적응을 겪고 있다. 우리나라의 경우는 어떨까? 결코 이 수치보다 덜하지는 않을 것이다. 우리나라의 유, 초, 중, 고등학교의 교육상황이 독일보다 더 경쟁적이기 때문이다. 대도시에 거주하는 초등학교 어린이 한 명이 평균 3~4개의 학원을 다니고 있다는 통계를 통해서도 그 스트레스를 추측해볼 수 있다. 우리나라의 어린이들이 느끼는 불안과 스트레스는 결코 낮지 않다. 어쩌면 세계에서 가장 불안과 스트레스가 많을지도 모른다. 따라서 그 후유증 또한 적지 않을 것이고, 어쩌면 이것조차 세계 제1일지 모른다.

그럼 이 어린이들을 어떻게 다루어야 할까? 그들의 부모와 선생님들에게 우리는 어떤 교육적 충고를 할 수 있을까? 이 책은 바로 이런 부적응 어린이와 그들의 부모 및 선생님들을 겨냥한 책이다. 이 책이 해법으로 제시한 치료방법이 긴장이완 치료법이다. 긴장이완 치료라는 말이 생소하다고 해서 긴장할 필요는 없다. 조용한 음악을 듣고 있노라면, 마음이 차분해진다. 이 경우 음악은 긴장이완의 효과를 보이고 있는 것이다.

긴장이완 치료법은 과도한 불안과 스트레스로 자기감정과 행동의 통제, 친구 및 대인관계, 학교수업 및 생활에서 부적응을 겪고 있는 어린이를 치유하기 위한 교육심리 및 상담심리학적인 프로그램이다. 상담심리학에서는 정신장애자들을 위해서 여러 가지 긴장이완 치료법을 고안해서 사용해왔는데 원리는 간단하다. 근육의 긴장을 풀고 심리적 상태를 이완시키면, 불안이나 스트레스도 감소되고 약화된다는 것이다.

긴장이완과 관련된 기법은 대체로 세 종류로 구분되는데, 하나는 자기암시 기법(인지적 접근)이고, 둘째는 근육이완 기법이며, 셋째는 상상이완 기법이다. 자기암시 기법이란 예컨대 "나는 불안하지 않다"는 말을 반복적으로 되풀이함으로써 심리적 긴장을 풀어나가는 것을 의미한다. 근육이완 기법은 '근육이 이완되면 불안도 줄어든다'는 원리를 활용한 것으로, 근육을 이완시킬 수 있는 신체생리적 방법을 동원한다. 상상이완 기법은 환상이나 공상 또는 상상의 힘을 이용하여 긴장이완을 도모하는 것이다.

이 책의 저자는 상상이완 기법의 대가이다. 따라서 이 책에서 주로 설명하고 있는 긴장이완은 상상력을 이용해서 불안과 스트레스를 줄이는 방법에 대한 것인데, 그 방법을 저자는 '네모-함장-이야기' 속에서 펼쳐 보이고 있는 것이다.

네모-함장-이야기는 14개의 독립된 이야기로 구성된다. 14개의 회자回次로 구성된 하나의 드라마로 생각하면 된다. 주인

공과 생활공간의 세팅은 동일하지만 이 속에서 벌어지는 해프닝은 서로 다르다. 부모나 선생님이 책을 읽어주고 어린이는 그 내용을 들으면서 몰입하는 것이 이 프로그램의 기본 포맷이다.

14개 이야기는 전개되는 스토리만 다를 뿐 기본세팅은 동일하다. 우선 이 이야기는 쥘 베른의 명작소설 『해저 2만리』의 공간을 이용한다. 잠수함 노틸러스 속에서 네모 함장과 독자(책을 읽고 있는 어린이 자신)가 겪는 이야기다. 네모 함장이 독자를 데리고 잠수함 밖으로 나가서 해저를 구경시켜주는 형식으로 이야기가 이어지는데, 아이들은 책을 읽으면서 잠수함에 네모 함장과 함께 타고 있다고 상상하며 그의 지시에 따라 잠수복을 입고, 배 밖으로 나와 산호 숲을 거닐고, 돌고래 떼와 만나며, 해저도시 아틀란티스를 바라보게도 된다. 이런 외출이 14번 이루어지는데, 이야기 전개과정에서 긴장이완의 상상력 기법이 자연스럽게 하나의 내용으로 제공된다.

이 긴장이완의 기법은 '라이트모티브' 방식으로 제공되는데, 긴장이완과 관련된 동작이나 말을 반복적으로 되풀이하여 보여주거나 제시함으로써 이완된 감정이나 정서를 보다 쉽게 유지하거나 습관화할 수 있도록 도와준다. 사실 이 책에서 제시하는 14가지 이야기 그 자체는 별 의미가 없다. 그 속에 담긴 지식이나 정보는 중요하지 않다. 이야기를 따라가면서 네모 함장이 지시하는 '생각하기'와 '동작하기'가 중요한 것이다. 그런 생각과 동작이 바로 긴장이완의 핵심적인 단서가 되기 때문이다.

이 책은 대체로 5~12세 연령층의 어린이들에게 적합하다. 물론 이야기들의 구도가 그 연령층에 부합한다는 것도 한 가지 이유지만 그보다는 학습 습관이 공고화되는 시기가 바로 그 즈음이기 때문이다. 주의력결핍 과잉행동장애(ADHD)도 이 시기에 많다. 그 연령층에서는 불안과 스트레스에 대한 무의식적 대응과 표현이 과도한 긴장으로 나타난다. 과도한 심리적·신체적 긴장을 어떤 식으로든 해소시키려는 노력이 중요한데, 이 책은 이런 요청에 적절한 대안이다.

저자인 페터만은 이 책이 일주일에 최소한 2~3회 정도 불안하고 스트레스가 많은 어린이들에게 활용되길 희망한다. 이 책을 진지하게 읽은 어린이들에게서 기대되는 변화는 무엇일까? 페터만은 오랜 임상경험을 통해서 아주 자신 있게 말한다. 우선 신체적·생리적 변화가 수반되리라고 그는 예측한다. 긴장이 이완되면 호흡은 고르고 규칙적으로 바뀌고 긴장이완 상태를 보여 주는 뇌파인 알파파(Alpha波)가 증가하며 집중력이 증가한다는 것이다.

물론 이 긴장이완 치료는 부작용도 있을 수 있다. 경우에 따라서는 긴장이완을 시키려는 시도 자체가 긴장을 과도하게 유발할 수도 있다는 임상경험도 보고되고 있다. 우울증이나 ADHD 증세를 가진 어린이의 경우에는 전문의사와의 긴밀한 협의를 병행해야 한다.

페터만에 따르면 ADHD 증세를 가진 어린이들 즉, 정신집중장애, 과잉행동, 충동성을 보이는 어린이들에게 이런 긴장이완치료의 장점이 매우 클 수 있지만 약물투여를 하고 있는 어린이의 경우에는 의사의 조언이 꼭 필요하다.

그러나 이 책은 중증의 정신장애를 염두에 두고 쓴 책이 아니다. 이 책은 자기제어, 불안의 극복, 스트레스 해소에 대한, 어린이들의 상식적인 지혜와 능력을 길러주기 위한 것으로, 보통의 어린이를 염두에 두고 있다. 따라서 부모나 선생님들은 큰 부담 없이 주변의 어린이들에게 이 책을 읽어줄 수 있을 것이다.

그냥 평범한 동화책으로 간주해도 된다. 다만, 책 속에 세심하게 묘사된 경치와 상황을 상상하게 하고 지시된 동작을 따라하게 하면 된다. 그러면 어린이들은 서서히 자신의 감정과 정서, 불안과 스트레스를 이겨낼 수 있는 경험을 하게 될 것이고, 그 결과 안정되고 편안한 심리상태를 지속할 수가 있을 것이다.

많은 어린이들이 이 책으로 좋은 성과를 거두길 기대한다.

감수의 글

불안과 수면장애에 시달리는 어린이들을 위하여

서울대학교병원 소아-청소년 정신과 교수
김붕년

아동기에 흔히 나타나면서도 쉽게 간과되는 것이 바로 불안 장애이다.
구미 선진국에서 시행된 전국규모의 조사에서 불안장애는 전체 소아의 10퍼센트 이상에서 확인될 정도로 흔한 장애이다. 국내에도 불안장애에 시달리는 아동의 수는 이와 유사할 것으로 보이며, 특히 최근 가족 붕괴와 같은 사회적인 상황들과 맞물려 지속적인 증가 추세인 것으로 알려져 있다.

불안장애는 그 원인적인 측면에 따라 크게 두 가지로 나뉠 수 있는데, 특별한 충격적 경험(흔히 외상, 즉 트라우마trauma라 칭함)

을 했을 때 나타나는 외상성 장애와 그러한 사건 없이 나타나는 불안장애들로 나누어진다. 외상성 장애는 소아나 청소년이 정서적으로 감당하기 어려운 상황들(가정폭력/학대, 재난/사고)에 노출된 후 발생하는데, 외상의 정서적인 강도가 클수록 불안장애의 발병 위험이 증가한다. 반면, 다른 불안장애들은 아동의 기질氣質, 가정환경(예를 들면, 부모의 이혼과 불화), 부모자녀관계 등에서 기인하기도 하고, 초등학교 입학 등과 같이 주요한 과제가 새로이 부과되거나 부모와의 장시간의 이별에 적응하지 못하면서 나타나기도 한다.

성인에 비해 소아는 불안증상을 심리적으로 해석하여 언어적으로 적절하게 표현하는 능력이 결여되어 있는 경우가 많으므로 눈 깜빡임, 땀 흘림, 소변실수, 복통, 두통 등 다양한 신체적인 증상으로 나타나는 경우도 많다. 또한 자기 조절을 통한 불안 감소가 쉽지 않아 불안이 지속되면서 악화되는 경우를 흔하게 본다. 그러므로 신체적인 검사에서 특별한 이상이 발견되지 않는데도 신체적인 호소가 반복될 때는 반드시 불안장애에 대한 고려가 필요하다. 이러한 불안문제가 일시적일 때는 큰 문제가 없으나 이로 인해 학업, 또래관계, 가정생활에 지속적인 손상이 발생하고 아이가 위축되는 양상을 보인다면 치료적인 노력을 기울이는 것이 좋겠다.

아동기의 대표적인 불안장애로는 전반적인 불안장애와 분리 불안이 있다.

전반적 불안장애

전반적 불안장애를 앓고 있는 소아, 청소년은 거의 매일, 걱정과 불안을 조절하는 데 어려움을 겪고 있다. 친구, 가족 관계, 학교생활을 방해하는 아래와 같은 증상을 보인다면, 전반적 불안 장애의 가능성을 생각할 필요가 있다.

- 학교와 스포츠 활동에 대한 과도한 걱정
- 근 긴장감
- 수면 문제
- 집중력 장애
- 짜증

분리 불안

일반적으로 아이들은 학교나 유치원에 등교하는 것을 좋아한다. 그러나 몇몇 아이들에게는 공포를 유발할 수도 있다. 학교에 가야 할 때 복통, 소화 장애, 두통을 호소하다가도 부모가 함께 학교에 가거나 학교에 가지 않고 집에 있어도 좋다는 허락이

나면 이러한 증상들이 마법처럼 사라지기도 한다. 극단적인 경우, 아이들은 학교 가는 것을 거부할 수도 있다.

학교 가는 것을 거부하는 현상은 가까운 사람들의 죽음, 가족으로부터의 분리, 중요한 인생의 변화 같은 충격적인 사건들의 결과로 나타날 수 있다.

분리 불안 장애로 힘들어하는 아이들은 아래와 같은 모습을 보일 수 있다.

- 혼자 남겨질 때 떨어지지 않으려 함.
- 가족이나 친구들에게 나쁜 일이 벌어질 수 있다고 걱정함.
- 부모나 가족이 돌아오지 않을지도 모른다고 두려워함.
- 혼자서 잠을 자거나 침대에 가는 것을 무서워함.
- 학교 가는 것을 거부함.

집이나 부모를 떠나는 것에 대한 아이들의 공포는 치료될 수 있는데, 분리 불안에 대하여 치료받지 않은 아이들의 경우 향후 심각한 학습·사회적 장애로 발전할 수 있다.

아동기에 자주 발생하는 또 다른 주요 문제는 수면장애이다.

소아기에 발생하기 쉬운 수면장애는 크게 두 종류가 있는데, 악몽증과 야경증이 그것이다. 악몽증은 말 그대로 수면 중에 무서운 꿈으로 인하여 깨는 장애이다. 낮 동안에 경험한 심적인 부담이나 스트레스와 밀접한 관계가 있으며, 성장하면서 저절로 좋아지는 경향을 보인다. 악몽증에 시달리는 아이는 대개 새벽녘에 무서운 꿈을 꾸면서 잠에서 깨게 된다. 깨어나면 즉시 정신이 맑아지고 주변상황을 파악하게 된다. 꿈의 내용은 자신의 생존, 안전에 위협을 느끼는 꿈이거나 자존심에 심한 상처를 입는 꿈이다. 숨을 빨리 쉰다거나 식은땀을 흘리거나 하는 일은 거의 없다.

야경증은 수면중에, 특히 수면에 들고 2시간 이내에, 강한 발성과 심한 몸동작, 식은땀, 심장박동의 증가, 호흡의 가빠짐, 손떨림 등을 동반하여 깨어나는 장애이다. 이는 심한 공포반응과 공황반응을 보이고, 부모님이 깨우려고 노력해도 잘 깨지지가 않으며, 깨어난 뒤에도 주변상황을 파악하는 데 수분이 소요된다. 또한 아침이 되어 잠에서 깨어난 뒤에 자신이 왜 그렇게 공포에 떨었는지를 기억해내지 못하는데, 이는 악몽증과의 차이다. 또한 야경증은 심한 몸동작과 더딘 의식회복 양태를 보이므로 아동이 다칠 가능성이 많아진다.

흔한 발병 연령은 만 4세~10세이며 100명 중 5~6명 꼴로 나타나는 비교적 흔한 수면장애이다. 스트레스, 피로, 평소의 수면부족 등이 겹쳐져서 나타나는 경우가 흔하다. 악몽증은 대개 성장하면서 없어지는 경우가 많고 심각한 장애는 아니다. 그러나 악몽증이 반복적으로 나타나는 경우에는 아이가 특별한 외상이나 스트레스 상황에 노출되어 있는 것은 아닌지 알아볼 필요가 있다. 이럴 경우에는 스트레스 상황에 대한 대처능력을 높여주는 치료로서, 놀이 치료와 이완 요법 등을 병행해줌으로써 문제를 해결할 수 있다.

야경증도 나이가 들면서 좋아지지만 악몽증보다는 만성적이고, 주변 사람들, 특히 함께 자는 부모나 형제에게 공포감과 수면장애를 유발시키므로 치료의 대상이 되는 경우가 많다. 치료는 다른 질환과 정확한 구분을 하는 것으로 시작되어야 하므로 소아정신과 전문가를 찾는 것이 좋겠다. 질병에 대한 정확한 교육을 받고 사고 예방에 힘쓰도록 해야 하며 필요하다면 내적 갈등과 관련된 문제를 다루어주는 놀이치료, 평소 스트레스를 적극적으로 해결해주는 인지행동 요법이 적용된다. 그리고 반복적이고, 심한 야경상태가 지속될 때에는 소량의 약물치료로 극적인 호전을 보이는 수도 있으나 약물치료는 제한적으로만 사용된다.

아동들을 위한 불안장애의 치료에서 중요한 역할을 하는 것이 인지-행동 치료이다. 그리고 아동의 편안한 수면을 위해서도 인지 행동적인 방법이 많이 사용된다. 인지 행동적인 방법은 불안이나 긴장을 유발시키는 잘못된 생각을 교정하고(오늘 내가 학교에 가 있는 동안 분명히 엄마에게 좋지 않은 일이 생길거야. 내가 밖에 나가면 위험한 자동차들 때문에 사고를 당하게 될 거야. 잠이 들면 무서운 꿈을 꾸게 될 거야), 아동 스스로 불안-긴장 상황에서 자신을 이완시키고, 긴장을 감소시킬 수 있는 전략을 습득하게 하는 것이다. 이를 위해 자주 사용되는 정신의학적 방법이 심상훈련을 통한 이완요법이다.

이러한 심상훈련을 통한 이완요법은 마음속에 심리적 안정을 유도할 수 있는 이미지나 이야기를 떠올리면서 정서적 안정을 유도하는 것이다. 이와 비슷한 방법으로 점진적 근이완요법을 사용하기도 하는데, 이는 우리 몸을 여러 부분으로 이미지화한 후(가상적으로 나눈 후), 각 부분의 근육의 긴장을 유도하는 방법이다. 점진적 근이완요법은 심상훈련과 병행하여 사용되는 경우 더욱 이완 유도가 용이하다고 알려져 있다.

소아정신과 전문의의 입장에서 볼 때, 이 책은 심상적 이완훈련과 점진적 근이완요법을 부모가 쉽게 적용할 수 있도록 한 이야기책이라고 생각된다. 또한 아이들의 흥미를 유도하고 자발적 참여를 격려하기 위해 아이들이 좋아하는 바다 속 이야기를 그 소재로 삼았다. 필자도 어릴 때 쥘 베른의 『해저 2만리』를 즐

겨본 바가 있다. 흥분되고 짜릿한 이야기 전개와 모험담이 아직 기억에 남아 있다. 이 책은 이를 응용하여, 흥분의 요소는 제거하고 오히려 바다 속의 안정감과 편안감을 전달하려 한다는 데에 또 한 가지 묘미가 있는 듯하다. 또한 바다 속—해저—는 생명의 근원인 어머니의 자궁 속, 그 태곳적 느낌을 선사한다. 힘든 환경에서 스트레스를 받는 아이들이 밤에 어머니의 편안한 목소리로 다시 자신이 완벽하게 보호받았던 그 환경으로 편안히 돌아가는 듯한 경험을 할 수 있다면, 아이들의 심적·신체적 이완은 충분히 가능하리라 생각된다. 또한 아이들은 이를 통해 부모로부터 보호받는다는 안정감을 느낄 것이고 편안한 수면 유도에도 도움이 될 것이다.

 국내에서도 이 책과 같이 아동을 위한 인지적 이완요법 책자가 출간되었다는 것은 정말 축하할 만한 일이라고 생각된다.

■ 차례

추천의 글 _5

감수의 글 _12

들어가는 글 _22

 부모님에게

우리 시대의 어린이 _27

불안과 스트레스 _29

왜 긴장이완 이야기인가? _35

어떤 효과가 있을까? _38

네모-함장-이야기에 대해서 _40

신체, 정신 그리고 영혼에 미치는 영향 _48

어떻게 이야기해줄 것인가? _59

몇 가지 결론 _61

 어른 함장이 어린 손님들에게

신기한 바다 속 세상으로 _65

네모-함장-이야기란 무엇일까요? _70

네모-함장-이야기에서 무엇을 얻을 수 있을까요? _74

네모-함장-이야기는 언제 어디서 읽을까요? _76

해저 소풍 이야기

 산호숲 _ 83

 돌고래 떼 _ 91

 따뜻한 물이 솟는 분수 _ 101

 돌고래 타기 _ 111

 보물지도 _ 121

 보물찾기 _ 133

 해마 떼 _ 145

 해저도시 아틀란티스 _ 157

 커다란 바다거북 _ 167

 조개껍데기 모으기 _ 177

 고래 가족 _ 187

 해저숲 _ 197

침몰한 해적선 _ 207

 해저동굴 _ 217

🐟 들어가는 글

네모 함장 이야기는 유구한 전통을 가지고 있다! 이것은 지금으로부터 약 100여년 전, 쥘 베른이 모험소설 『해저 2만리』를 썼다는 사실에서뿐만 아니라, 이미 20년 전에 개발되어 사용 중인 네모-함장-이야기를 통해서도 잘 드러나는 사실이다. 네모-함장-이야기는 원래 행동장애가 있어서 심리 치료를 받아야 하는 아이들을 위해 고안되었다. 우리는 이런 아이들을 보다 효과적으로 치료하기 위해 상담이 시작될 때마다 늘 네모 함장이 겪은 해저海底세계의 이야기를 들려주곤 했다. 지금도 그렇지만 예전에도 이 이야기는 '물'이라는 요소에 상응되는 어린이들의 일상적 경험에 기반을 두었으며, 또 다른 한편으로는 소음을 없애버린 상태, 즉 조용하고 율동적인 움직임만 있고 외부에서의 자극은 철저하게 극소화된 그런 환상의 세계에 기초하여 고안되었다. 네모-함장-이야기에 묘사되는 해저세계의 영상들은 정확한 정보를 지님으로써 보다 심도 있게 긴장을 완화시켜주는 일련의 긴장이완 과정이다. 이 이야기들은 두려움 때문에 생기는 흥분과 마음의 불안을 제거해줌으로써 아이들이 기꺼이 심리치료에 참여할 수 있도록 하는 데 그 목적이 있으며, 아이들은 또 이를 통해 더 효과적인 치료를 받을 수 있게 된다. 이미 오래 전부터 네모-함장-이야기는 이러한 목적을 십분 달성해왔으며, 또 앞으로도 그럴 것이다.

이런 종류의 긴장이완 이야기들은 아이들의 일상생활 속에 널리 퍼져 있으며, 행동장애나 별다른 심리적 문제를 겪고 있지 않는 어린이들에게도 이 이야기를 적용할 수 있다. 즉 해저에서 겪는 모험 이야기들은 평범한 가정의 일상사뿐 아니라 유치원, 학교, 고아원, 아동 병원, 아동 재활원, 그리고 기타 다른 기관에도 얼마든지 성공적으로 적용할 수 있는 것이다.

네모-함장-이야기는 무척이나 인기가 높다. 1993년 엘비콤 출판사는 어린이, 부모, 심리치료사, 그리고 교육자들이 마음대로 사용할 수 있도록 2개의 카세트에 네모-함장-이야기를 담아냈다. 그런데 그 이야기들을 읽어줄 수 있도록 활자화시켜 책으로 펴내면 어떻겠느냐는 제안이 빗발쳤다. 헤르더 출판사의 라브 씨는 네모-함장-이야기를 어느 강연에서 듣고, 어린이들의 긴장을 풀어주는 데 안성맞춤인 이 이야기들의 장점과 독창성을 곧바로 인식하여 내가 이 책을 집필할 수 있도록 용기를 북돋아주었다. 그 덕분에 네모-함장-이야기가 책으로 나오게 되었다. 인내심을 갖고 기다려준 그에게 깊이 감사한다. 특히 수십년간 심리치료사로 일하는 동안 네모-함장-이야기에 열띤 반응을 보여줌으로써 내게 무궁무진한 영감靈感을 제공해주었던 많은 어린이들에게 깊은 고마움을 전한다. 이렇게 해서 비로소 네모 함장의 14가지 해저 여행담이 완성되었다.

도르트문트에서

울리케 페터만

부모님에게

우리 시대의 어린이

20세기는 학문과 기술 분야에서 놀라운 진보가 이루어진 시기이다. 이는 매우 긍정적으로 평가받을 일이지만 이와 더불어 부정적인 일 역시 많이 발생한 것도 사실이다. 이런 상황은 2천년대에 들어서도 별로 달라지지 않을 것이다. 일상생활의 기계화는 여러 가지 소음공해, 정보의 홍수를 초래하며 삶의 영역 전반을 복잡하게 만들었다.

특히 어린이들은 이와 같이 범람하는 자극에 가장 많이 영향을 받는다. 어른들이 적극적인 교육을 통해 여과시켜주고 조정해주지 않는다면 그 영향력은 더욱 커질 것이다. 텔레비전, 비디오, 비디오 게임, 컴퓨터, 인터넷 등뿐만 아니라 상업화된 여가활동 그리고 취미생활을 통해서도 아이들은 다양한 자극을 받을 수 있다.

 아이들은 이 때문에 안정을 취하거나 자기 자신을 돌아볼 수 있는 능력을 잃어버린다. 이에 따른 결과들을 살펴보면, 불안감, 주의력과 집중력 저하, 동기화문제, 두려움, 심한 감정 변화뿐만 아니라 과도한 스트레스, 극도의 긴장감 등이 다양하게 나타난다. 이런 문제를 지닌 아이들은 성격이 원만하지 못하고 만족스러운 생활을 하지 못할 뿐 아니라 다른 사람에게 부담을 주는 동시에 자기 스스로도 부담을 느낀다.

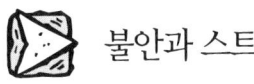 불안과 스트레스

어린 나이에 느끼는 불안감은 자연스런 발달과정에 속하는 것이자 과도기적 현상으로 묘사할 수 있다. 그러한 두려움은, 예를 들어 어둠이나 천둥 번개와 같은 자연 현상과도 관련이 있지만 유치원 등 낯선 환경에서 믿음이 가지 않는 사람과 접촉하거나 관련 인물(심리학에서 사고와 행동의 지침이 될 만한 인물)과 격리되는 것과도 연관이 있다. 두려움이란 특별한 조건들 아래서 강화되기 마련이므로 우선 그런 두려움을 치료해야 한다. 학자들에 따르면 오늘날 유아기와 청소년기에 있는 10~15퍼센트의 아이들이 치료가 필요한, 심한 불안증세를 보인다고 한다. 어린이와 청소년들에게 나타나는 전형적인 불안은 격리불안, 사회적인 불안, 보편화된 불안이다.

 격리불안의 경우, 어린이는 자신이 중요하다고 여기는 관련 인물과 헤어지려고 하지 않으며, 가정적이고 신뢰할 수 있는 주변 환경을 떠나고 싶어하지 않는다. 또 관련 인물들에게 무슨 일이 일어나서 그들과 헤어지게 될 것을 지나치게 걱정한다. 대개 아이들이 두려워하는 사건이란 질병, 사고, 다른 불행과 연관된 경우가 많다. 사회적인 불안을 지닌 어린이는 낯선 사람이나 믿음이 덜 가는 사람과의 접촉을 피하는데, 이런 현상은 심지어 어린이들뿐만 아니라 어른들에게도 나타난다. 아이는 누군가가 자기를 책망하거나 자기를 웃음거리로 만들지 않을까 불안해한다. 그래서 사회적인 불안을 지닌 아이는 흔히 다른 이들에게 겁이 많고, 나약하며, 어리석고, 엉뚱한 아이로 혹은 별로 매력적이지 않은 아이로 평가되기 일쑤다. 그러면 아이는 당황하고 부끄러워하면서 어떻게든 그런 결과를 가져올 수 있는 상황을 피하려고 한다. 보편화된 불안은 날마다 수행하는 일상적인 활동이라든지 일상에서 부딪치는 문제점들 전반에 걸쳐 나타난다. 어린이들에게는 주로 학교 문제나 교우관계 혹은 가족들 사이의 불화나 질병, 부모의 이혼과 같은 가정 안의 문제가 중심이 된다. 모든 일에 걱정부터 앞서는 태도, 뭔가 안 좋은 일이 생길까 두려워하는 마음, 불안한 감정 따위는 이처럼 일상적으로 일어나는 사건들과 매우 연관성이 깊은 것으로 인지된다.

아이들이 지니는 전형적인 불안감은 이와 같이 그들이 일상생활에서 겪는 갖가지 상황, 사건, 문제들 때문에 일어나는 것이지, 비판받을 만한 인생의 사건이나 좋지 않은 경험들과 연관된 것이 아니다. 또한 불안감이란 항상 비이성적이며, 주관적인 경우가 대부분이다. 어떤 경우든 지나친 불안감은 스트레스를 의미한다. 그리고 이렇게 되면 불안감이 지니는 이성적인 기능과 보호 기능마저 상실된다.

그러므로 불안과 스트레스는 서로 직접적인 관계가 있다. 스트레스를 경험하게 만드는 정신적 요인들을 살펴보면 대개 다음과 같은 세 가지 동기로 집약된다. 첫째, 인생의 위기상황들이다. 여기 해당하는 것으로 가족 구성원의 심각한 질병, 부모의 죽음, 가족 구성원 사이의 불화, 혹은 부모의 별거나 이혼 등이다. 둘째, 성장과정에 따르는 문제들이다. 이것은 살아가면서 자연스럽게 경험하는 커다란 변화들과 연관지을 수 있다. 예를 들어 유치원이나 학교에 입학하는 것, 학교나 거주지를 옮기는 것, 사춘기의 변화 등을 들 수 있다. 셋째, 일상생활에서 겪는 긴장감과 문제들이 있다. 밝혀진 바에 따르면 어린이들에게 가장 빈번하게 나타난 문제점은 바로 학교 문제이며, '가족', '친구', 그리고 '여가시간'과 같은 인생의 제반 영역에서 나타나는 문제들이 그 뒤를 따르고 있다.

 연구 결과에 따르면, 무엇보다 일상생활에서 겪는 문제들이 스트레스의 원인이라고 한다. 특히 아이들에게는 학교생활이 스트레스의 가장 커다란 원인이다. 학교생활에서 어린이와 청소년들에게 스트레스를 가장 많이 주는 요인이 무엇인지 조사해본 결과, 첫 번째가 좋지 않은 성적, 그 다음으로는 학교에서 내주는 여러 가지 과제물, 학교에 대한 무관심, 수업에 대한 불안감, 진급에 대한 두려움, 그리고 마지막으로 교사와의 문제들이 거론되었다. 즉, 학교에서 겪는 스트레스는 평가 및 성적과 관련된 측면이 많다는 것을 알 수 있다. 학교생활 외의 다른 영역에 있어서는 무엇보다 부모 혹은 친구와의 불화가 스트레스 요인으로 지적되었다.

 어린이들에게 나타나는 스트레스 징후를 살펴보면 집중력 저하와 불안감 상승이 대표적이며 그밖에 주중에 나타나는 수면 장애, 식욕 저하, 두통 혹은 복통 등의 증상을 꼽을 수 있다. 이것은 클라인-헤스링과 로하우스(1995)가 638명에 이르는 초등학교 3,4학년 학생들을 대상으로 조사해서 얻은 결과이다.

 어린아이들이 갖는 전형적인 불안감은 어떤 문제와 관련이 있는지, 또 어떤 요인들이 스트레스를 유발하는지 비교해본 결과, 불안감과 스트레스는 너무나 일상적인 일에서도 발생한다는 것을 쉽게 알 수 있었다. 특히 성적에 따라 능력을 평가받는 상황에 놓여 있을 때가 가장 문제되었다.

이제 우리는 요즘 아이들이 스트레스에 더 민감하여 별것 아닌 일에 잘 불안해하는 것인지, 아니면 예전에 비해 부담이 더 증가한 것은 아닌지 자문해볼 수 있다. 두 가지 다 맞는 말이지만, 다른 요인들도 있다. 즉 다른 정신적인 장애들과 마찬가지로 치료가 필요한 불안감은 매우 복합적이며 복잡하게 얽혀 있는 동기들로부터 비롯된다.

환경 역시 어린이의 생물학적·정신적 특징처럼 중요하다. 즉 부모의 태도, 가정환경 혹은 미디어와 여가활동 등을 통해서도 아이들은 영향을 많이 받는다. 물론 이런저런 환경적 요인들이 직접적으로 작용하여 아이가 스트레스에 민감해지거나 쉽게 불안해하는 특성을 갖게 되는 것은 아니다. 그렇지만 '현대적인' 삶과 한데 묶어 생각할 수 있는 자극과 엄청난 양의 정보, 분주함, 소음공해 등은 아이들이 쉽게 스트레스를 받도록 하는 토대가 된다. 이때 가장 중요한 것은 아이들이 지속적으로 이런 불쾌한 조건들에 처함으로써 자기 고유의 힘을 발휘하지 못한다는 점이다. 즉 안정을 취하거나 스스로 자기 자신을 돌아볼 수 있는 능력을 잃어버린다는 뜻이다. 그리고 이러한 능력의 부재로 아이들은 스트레스를 쉽게 경험하게 되며, 바로 그때 육체적으로나 정서적으로 부정적인 감정을 느끼기 때문에 자신을 조절할 수 있는 기회마저 놓치게 되는 것이다. 물론 이와 같은 문제를 해결하고 적극적으로 스트레스를 극복하게 해주는 여러 가지 전략 외에도 스트레스를 받지 않도록 도와주는 다양한 훈련 프로그램도 있다.

왜 긴장이완 이야기인가?

긴장이완이란 안정과 조화로움을 획득하는 것이다. 긴장이완을 위한 첫 번째 전제조건은 올바른 긴장이완 방법을 선택하는 것이며, 두 번째는 그 방법을 규칙적으로 활용함으로써 긴장이완의 과정들을 연습하는 것이다. 긴장이완 방법으로는 다음과 같이 세 가지가 있다.

- 인식론적 접근
- 감각에 의한 접근
- 상상에 의한 접근

자발성 훈련은 인식론적인 긴장이완 방법의 한 가지 예이다. 어떤 사람은 "내 오른팔은 무겁다!", "나의 왼쪽 다리가 따뜻하다!"와 같은 기본훈련 형태들을 가지고 스스로에게 지시를 내린다(인식론적 접근).

점진적 근육이완은 감각에 의거하여 긴장이완에 이르는 대표적인 방법이다. 이런 훈련을 할 때 능동적이고 신체적인(감각적인) 긴장이완이 일어나는데, 보통 어떤 근육 그룹은 다른 근육 그룹의 움직임에 따라 체계적으로 긴장되었다가 다시 이완된다. 팔운동을 예로 들어보자. 먼저 한쪽 팔을 쭉 뻗었다가 구부리고 주먹을 쥔다. 약 10초 동안 주먹을 꽉 쥐고 있다가 재빨리 허벅지 위로 팔을 늘어뜨린다. 이때 주먹은 자연스럽게 벌어지게 된다.

상상의 그림들, 예를 들어 햇볕이 가득 내리쬐는 따뜻한 모래사장 같은 이미지들을 듣는 사람 스스로 정확하게 그려보고 상상할 수 있도록 세부적으로 설명해준다. 이때 편안한 느낌을 주고 긴장을 풀어주는 그림들을 선택한다. 네모-함장-이야기는 특색 있는 기호들을 사용하여 상상력을 불러일으키고 이에 근거하여 긴장을 풀 수 있게 해주는 대표적인 기술이다.

여러 가지 연구 결과 상상의 힘을 이용한 긴장이완 기술이 어린이들에게 가장 적합하며, 또 가장 효과적인 것으로 드러났다.

상상력에 근거한 이미지들은 백일몽과 마찬가지로 아이들의 환상작용을 통해 얻어진다는 점에서 중요하다. 그러나 아이에게 상상에서 얻은 이미지를 그리게 하는 것만으로는 충분하지 않다. 네모-함장-이야기의 경우에서 알 수 있듯이 그와 같은 그림들은 행동 안에서 통합될 때 비로소 효과가 있기 때문이다. 그러므로 상상력에 근거하여 긴장을 풀어주려고 할 경우 아이들에게 중요한 것은 바로 스토리이다.

시중에는 이와는 조금 다른, '긴장을 풀어주는 환상여행', '긴장을 풀어주는 동화' 혹은 단순히 '긴장을 풀어주는 이야기' 등을 볼 수 있는데 이런 이야기들 대다수는 음악과 세트를 이루고 있다. 지난 몇 년 동안 이와 같은 서적, 카세트테이프, CD 시장이 커지면서 일반인들은 무엇이 믿을 만한지 판단하기가 여간 까다로워진 것이 아니다. 이러한 긴장이완 제품들은 종종 학교에서 생기는 문제들을 해결하도록 도와줄 수 있다고 호언장담하기도 한다. 하지만 그런 약속을 완전히 지킬 수 있는 긴장이완 방법은 거의 없다. 상상력을 바탕으로 하는 또 다른 기술들은 불순한 암시물들, 즉 믿음이 가는 긴장이완 방법 대신 뭔가 의심쩍은 선동 전략들을 즐겨 사용하기 때문이다. 다음 내용들을 읽으면 긴장이완 방법을 제대로 평가하는 데 도움이 될 것이다.

어떤 효과가 있을까?

긴장이완은 특별한 질병의 징후가 있을 때 사용하는 방법이 아니다. 즉, 특별한 신체적인 질병이나 정신적인 문제에 이것을 결정적인 혹은 유일한 치료법으로 선택할 수가 없다는 뜻이다. 이런 방법들은 가정 문제라든지 학교 문제 혹은 그밖의 심각한 문제들을 해결하지 못한다. 그러므로 긴장이완을 통해 문제가 해결될 것이라고 믿는 사람은 비현실적이고 지나친 기대감을 가지고 있는 것이며 그 때문에 분명 실망할 것이다. 그럼에도 불구하고 우리는 대체 무엇 때문에 긴장이완 방법을 사용해야 하는가? 또 그것은 실제로 어떤 결과들을 가져오는가?

긴장이완 기술은 실제로 육체와 정신, 그리고 영혼에 긍정적인 영향을 미친다는 사실이 증명되었다. 이러한 영향은 사람들 모두를 안정적인 상태로 이끈다. 즉, 신체적인 모든 활동이 줄어들고 운동능력과 행동이 안정권에 들어서며 뇌파가 변하는 것이다. 그래서 주의력과 집중력이 긍정적으로 작용하는 것이다. 또 긴장이완이 이루어짐에 따라 불안감이나 분노 같은 정서적인 반응들 역시 그 이상의 별다른 조처 없이 해소될 수 있다. 바로 이와 같은 긴장이완의 긍정적인 영향이 다양한 문제들을 해결하는 데 가장 결정적인 요인으로 작용하는 것이다. 그러므로 이 방법은 의학적인 치료법으로 쓰일 수도 있고 심리치료법으로도 쓰일 수 있으며 불안을 해소하기 위한 행동훈련이나 학교 수업을 스트레스 없이 받도록 도와주는 일종의 집중력 강화 프로그램으로 쓰일 수도 있다. 특히 학교 생활에 적응하지 못해 성적이 부진한 아이들에게 아주 유용하게 활용될 수 있다.

게다가 긴장이완 방법은 숙면을 도와주기도 한다. 그러므로 긴장이완 방법은 뒤따르는 일련의 활동을 준비하는 데 유용하고 의미가 있으며, 바로 이런 이유 때문에 쾌적한 정신생리학적 상황들이 마련될 수 있다.

네모 – 함장 – 이야기에 대해서

긴장이완 이야기는 어린이들에게 잘 들어맞는 긴장이완 기술을 사용할 때, 또 그 과정에서 아이들이 재미를 느낄 수 있을 때 특별히 효과를 거둘 수 있다. 긴장이완 과정은 마술이 아니다. 그러므로 효과를 더 많이 보고 싶다면 이를 보다 규칙적으로 사용해야 할 것이다. 오직 연습을 통해서만 심리생리학적인 긴장이완 반응을 확실하게 불러일으킬 수 있다. 이것은 긴장이완 방법을 적용하는 데 있어서 어떤 의식儀式, 즉 계속해서 되풀이되는 활동이 중요하다는 뜻이다. 이 의식은 변형되어서는 안 된다. 그렇게 되면 긴장이완 반응을 제대로 학습할 수 없기 때문이다. 의식이란 어떤 식으로든 일정한 체계를 제시해주며 동시에 그에 합당한 구조를 형성한다. 예를 들어 숙제를 하기에 앞서 긴장이완 연습을 규칙적으로 실시하면 바로 그와 같은 긴장이완 후에는 학교 숙제를 한다는 식으로 체계가 생기는 것이며, 또 그런 과정을 통해 긴장을 이완시켜주는 방법은 어떤 구조를 이루는 개별 요소가 되는 것이다.

그러므로 어린이들이 긴장이완 이야기를 긍정적으로 받아들일 수 있도록 해야 한다. 즉 긴장이완 이야기는 지루해서도 안 되고 불쾌감을 주어서도 안 되며, 내용 자체가 이해하기 쉬워야 한다. 동시에 긴장이완 방법과 마찬가지로 긴장이완 이야기를 자주 바꾸어서는 안 된다. 그렇다면 문제는 이와 같이 명백한 요구사항들이 상상력에 근거한 긴장이완 기술 안에서 어떻게 실현되어야 할까 하는 점이다.

이 문제를 해결할 수 있는 방법은 긴장이완 이야기를 구성할 때 견고한 구조를 갖추는 것이라 하겠다. 이때 상상의 체계를 어느 시점에서 끊어주는 게 좋은지, 또 긴장이완 이야기를 변형시켜도 된다면 언제쯤 변형시키는 것이 좋은지 등도 고려해야 한다. 이러한 문제 해결의 한 가지 예가 바로 네모-함장-이야기다. 이 이야기는 이미 20년 전에 개발된 것으로 많은 어린이들에게 성공적으로 적용되었으며, 대략 5세에서 12세에 이르는 연령층의 아이들이 이야기를 긍정적으로 받아들였다. 네모-함장-이야기는 14가지 이야기로 구성된 연재물이다. 이것을 연재물이라고 하는 이유는 이야기 속에 '라이트모티브'(주요 인물이나 사물 또는 특정한 감정 따위를 상징하는 동기로 이것을 반복하여 사용함으로써 이야기의 진행을 암시하고 통일감을 줄 수 있다)가 들어 있기 때문인데, 이는 다음과 같은 요소들로 구성된다.

- 주도인물인 네모 함장
- 해저세계
- 잠수함 노틸러스 호
- 해저소풍
- 잠수복과 잠수장비
- 네모 함장의 충고
  "흥분하지 마라. 그러면 모든 게 잘될 것이다!"

아이들은 네모 함장의 초대를 받아 잠수함 '노틸러스' 호를 타고 해저세계를 여행하게 되었다고 생각하면 된다. 그런데 이와 같은 해저여행에는 아주 특별한 순간들이 있다. 즉 해저소풍을 나가기 위해 노틸러스를 떠나야 하는 순간들이다. 어린이들과 네모 함장은 이런 순간에 대비해 준비를 해야 한다. 즉 잠수복을 입고 잠수안경을 끼고 오리발을 착용하는 것이다. 또 네모 함장의 도움을 받아 등에 산소통을 진다. 준비가 끝나면 이들은 잠수함의 해치를 통해 노틸러스 호를 빠져나오는데 먼저 네모 함장이 밖으로 나오고 그 다음에 아이들이 나온다.

 이야기에 나오는 이 부분은 언제나 똑같은 구성과 똑같은 표현으로 이루어진다. 이것은 '접근 이미지'라고 부르며 해저소풍을 준비하는 데 이용한다. 계속되는 이야기마다 꾸준히 등장하는 이런 접근의식은 긴장이완이 일어날 수 있도록 정신을 집중시키고 조율시킨다. '고전적인 긴장이완 기술'에 있어 이것은 예를 들어 "나는 마음이 아주 편안하다!"와 같이 마음을 진정시키는 간단한 표현으로 나타난다. 네모-함장-이야기의 경우 마음을 진정시키는 표현들은 단계적으로 잠수복을 착용하는 과정과 연결되어 있다. 즉 양쪽 다리를 잠수복 안에 집어넣으면 다리에 안정감이 생긴다. 이와 마찬가지로 양팔도 그런 과정을 거치게 되는 것이다.
 잠수함 노틸러스 호에서 나온 아이는 네모 함장과 함께 다양한 해저세계를 경험하게 된다. 그들은 산호숲과 해저숲을 방문하고 해마, 돌고래, 고래들을 관찰한다. 또 조개껍데기랑 보물지도, 침몰한 해적선을 찾아내기도 하고, 따뜻한 물이 샘솟는 해저분수를 즐기는가 하면 돌고래나 커다란 바다거북의 등에 올라타기도 한다. 그들은 또 해저도시 아틀란티스와 신비로운 해저동굴도 탐험한다. 긴장이완 방법의 이 부분들은 특히 연재물에서 '경험 이미지'로 명시된다. 주지하는 바와 같이 모티브들은 아주 다양하다. 그러므로 해저세계에서 네모 함장과 함께하는 경험의 형태는 얼마든지 변형 가능하다. 이런 과정들을 통해 아이들은 다음번 해저여행에 대해 더 많은 호기심을 갖게 되며, 지루해하지 않게 된다. 하지만 이와 같은 변형에도 불구하고 변하지 않는 구조들도 있다. 이것들은 네모-함장-이야기에서 다음과 같은 여섯 가지 특징으로 나타난다.

■ **해저세계 묘사.** 해저세계는 밝고, 햇빛이 잘 들고, 따뜻한 곳으로 묘사된다. 네모 함장은 어린 손님들을 데리고 수심이 얕고 위험하지 않은 해저세계의 강으로 수영하러 간다. 이때 상어라든지 '범고래' 같은 것들과의 만남은 배제되어 있다.

■ **정확한 지시.** 자발성 훈련의 두 가지 기초훈련, 즉 팔다리를 축 늘어뜨리는 것과 팔다리를 따뜻하게 하는 연습은 네모-함장-이야기에 나오는 경험 이미지들 속에서 통합되는데, 내용은 긴장이완을 위한 정확한 지시들과 일치하고 있다는 점에 유념해야 한다. 이처럼 '몸에 딱 맞는 형식'은 네모-함장-이야기에서 핵심을 이루는 특성이며, 이를 통해 심리적으로나 생리적으

로 효과를 얻을 수 있는 하나의 중요한 전제조건이 충족되는 것이다.

■ **네모함장의 충고.** "흥분하지 마라. 그러면 모든 게 잘될 것이다!" 네모 함장이 들려주는 이 충고의 말을 가지고 아이들은 자기 스스로 영향력을 행사하며 자신의 행동을 조정할 수 있다. 우리는 일상생활을 하면서 그와 같은 내면적인 문장들을 독백으로 사용하는데 이 문장들은 그 내용이 긍정적이냐 혹은 부정적이냐에 따라 우리에게 도움이 되기도 하고 방해가 되기도 한다. 이런 문장들을 '자기 지시'라고 일컫는데 우리는 이것을 긍정적인 효과를 나타내는 내면의 문장들로 구성하여 사용할 수 있다.

해저세계를 소풍하는 동안 아주 특별한 상황이 일어날 경우 어떻게 대처해야 하는지에 대해 아이들은 네모 함장에게 조언을 듣고 이를 성공적으로 사용한다. 예를 들면, 심사숙고하지 않고 과도하게 반응하지 말 것, 쉽게 화내지 않을 것, 기다리는 법을 배울 것, 용기를 지닐 것, 그리고 두려운 마음 때문에 뭔가를 피해가지 않을 것 등등이다. 자발성 훈련에서는 그러한 자기 지시들을 '결의문구'라고 표현한다.

■ **반응명제들.** 이것은 아이들이 자신에게 주어진 이미지에 따라 단지 수동적으로, 반응하지 않는다는 것을 뜻한다. 오히려

아이들은 안정된 방식으로 그리고 긴장을 이완시킬 수 있는 방식으로 활동한다. 즉 아이들은 환상 속에서 침착하고 능동적으로 행동한다. 여기에는 지나치게 체력을 소모한다거나 흥분할 필요가 없는 헤엄치기, 조개껍데기나 돌 모으기, 또 팔다리를 따뜻하고 편안하게 축 늘어뜨리기 등이 있다. 그러한 반응명제들은 긴장이완 방법의 영향력을 고려해볼 때 이른바 자극명제와 관련이 있다. 오직 자극명제만을 이용하여 상상을 촉발할 때 어떤 사람은 상상 속에서 새들이 노래하는 숲 속이나 벽난로에서 활활 타오르는 불과 같이 긴장을 풀어주는 이미지들을 수동적으로 경험한다. 이런 사람은 환상 속에서 능동적으로 상상의 이미지들을 형상화하지 못한다.

■ **위협적인 체험 이미지 피하기.** 네모 함장은 해저소풍의 목적을 알려줌으로써 아이들이 호기심을 느끼게 만든다. 하지만 너무 긴장되는 경험이라든지 두려움을 자아내는 체험 따위는 그의 이야기 속에 포함되지 않는다. 예를 들어 바다 밑에 가라앉은 해적선의 경우도 제일 처음엔 네모 함장 혼자 탐험을 하고, 그 다음 위험한 것이 없다고 판단되면 아이에게 접근을 허락하는 식이다. 또한 해저동굴을 탐험할 때도 입구가 아주 넓어 아이는 네모 함장 곁에서 수월하게 동굴 속으로 들어가게 된다. 그 동굴은 원래 입구가 막혀 있지 않아서 밝고 햇빛이 잘 들어오는데

다가, 거대한 조개 안에 들어 있는 진주가 햇빛을 반사하기 때문에 동굴 안의 어떤 부분은 무척 밝기까지 하다. 또 그 동굴에는 공간이 하나밖에 없으므로 혹시 미궁 속에서 길을 잃으면 어쩌나 하는 두려움 따위를 일으키지도 않는다.

■ 올바른 귀환. 모든 긴장이완 이야기의 끝부분에서 어린이는 변함없이 그리고 올바른 방법으로 귀환해야 한다. 네모 함장과 함께 해저소풍을 마치고 다시 노틸러스 호로 돌아온 후 아이는 자기가 아주 멋진 꿈에서 깨어난 것이라고 생각한다. 아이는 제일 먼저 여러 차례 심호흡을 한 뒤 팔과 다리를 쭉 뻗고 마지막으로 눈을 뜨게 된다. 왜냐하면 생리적인 순환이란 전적으로 긴장이완이 성공적으로 이루어졌을 때 가능한 것이기 때문이다. 그러므로 어린아이를 곧바로 앉게 하거나 일어나게 해서는 안 되고 2, 3분 동안 묵묵히 기다려야 한다.

신체, 정신 그리고 영혼에 미치는 영향

일주일에 두세 번 정도 규칙적으로, 시간 간격을 너무 넓게 잡지 않고 긴장이완 방법을 실시하면 충분한 심리생리학적인 효과를 기대할 수 있다. 그러한 효과들은 신체적인 면, 인지적인 면 그리고 심리적인 면에서 표출된다. 일련의 신체적인 효과들은 인지적이고 심리적인 변화를 위한 전제조건을 형성한다.

신체에 미치는 영향

이것은 모두 다섯 가지 생리적인 효과, 다시 말해 다섯 가지 신체적인 효과로 규정된다.

신경근육의 변화들. 긴장이완이 잘 이루어지면 근육에 나타나는 긴장이 감소되거나 완전히 사라진다. 즉 팔, 다리 그리고 몸통의 근육이 이완되는 것이다. 신경근육에 나타나는 효과들은 적절한 태도를 취할 때 극대화된다. 아이들에게는 똑바로 누워 양팔을 몸 옆에 대고 두 다리를 가지런히 편 자세가 가장 편안한 자세이다. 앉아 있어야 하는 상황이라면 두 발은 편안하게 가지런히 뻗고 손은 허벅지 위에 올려놓은 다음 푹신한 등받이에 몸을 기댐으로써 몸통 근육의 부담을 덜어주는 것이 좋다. 고개를 너무 가슴 쪽으로 숙이는 것은 좋지 않지만 마찬가지로 고개를 너무 빳빳하게 곧추세워서도 안 된다. 긴장이완 연습이 진행되는 동안 일어나는 신경근육의 변화는 신체의 각 부분, 즉 팔다리에 느껴지는 무게로 경험할 수 있다.

심장혈관의 변화들. 이것은 심장의 순환체계에 미치는 영향을 말한다. 여기에는 세 가지 효과가 있다. 즉 팔다리의 혈관이 확장되고 맥박수가 감소하며 혈압이 떨어진다. 혈관확장은 '말초혈관확장'이라고도 부르는데, 이는 모세혈관 그러니까 우리 신체의 가장 미세한 혈관에서 생기는 현상이다. 일상생활에서 나타나는 예를 보면 주위의 온도가 변함에 따라 자연스럽게 혈관이 확장되거나 축소되는 현상을 들 수 있다. 온도가 올라가면 이에 따른 반사작용으로 혈관이 확장되고, 외부 온도가 내려가면 혈관이 축소되는데, 이와 같은 혈관변화는 우리 몸이 더워

지거나 추워짐에 따라 자동적으로 이루어진다.

그렇지만 혈관변화는 외적인 자극뿐 아니라 학습과정을 통해서도 일어난다. 이를테면 긴장이완 기술의 도움을 받을 때도 생긴다. 혈관의 확장은 정확한 지시를 내릴 때 일어나는 것으로, 우리는 이를 고전적 의미에서 조건 반사라고 일컫는다. 여기에는 "팔이 아주 따뜻하다"와 같은 형식이 사용되는데, 마찬가지로 다리에도 그런 지시를 내릴 수 있다. 이처럼 조건반사적인 혈관확장을 통해 혈장이 증가하며, 우리는 이 사실을 몸이 점점 따뜻해지는 것으로 느낄 수 있다. 혈장의 증가는 종종 손발이 가려운 것으로도 나타난다. 이러한 현상들은 긍정적인 것이므로 걱정할 필요가 없다. 온기를 느끼는 것은 팔다리 전반에 걸쳐 확실하고 균일하게 경험되는 현상인데, 이는 동일한 긴장이완 의식을 규칙적이며 체계적으로 훈련할 때 일어난다. 기분 좋은 외부 온도, 특히 너무 차갑지 않은 외부 온도는 예를 들어 네모-함장-이야기에서 따뜻한 바닷물 속을 헤엄치는 것과 같은 적절한 환상의 이미지들과 마찬가지로 보조 작용을 한다.

심장혈관 변화에 나타나는 두 번째 효과는 맥박수 감소이다. 즉 1분당 심장 박동 수치를 의미하는 맥박수가 적어지는 것이다. 긴장이완 방법을 훈련할 때마다 맥박수는 1분에 5~8회 정도까지 내려갈 수 있다.

마지막으로 긴장이완 기술을 성공적으로 사용할 때 나타나는 효과로 동맥혈압저하를 들 수 있다. 혈관은 긴장이완 방법을 통해 확장되는데, 이와 같이 혈관이 확장되면 혈행의 장애가 적어져 결국 혈압이 떨어지는 것이다. 또 다른 이유는 심장이 1분 동안 생산해내는 혈액량이 성공적인 긴장이완 연습을 통해 감소된다는 데 있다. 이처럼 긍정적인 과정을 통해 인간은 심리적으로나 생리적으로 안정이 된다. 게다가 이러한 과정은 교감신경과 부교감신경을 균형상태로 이르게 한다.

호흡의 변화. 이것은 숨을 고르고 규칙적으로 쉰다는 의미이며 이때 한 번에 내쉬고 들이마시는 공기의 양과 호흡의 빈도가 줄어든다. 동시에 복식호흡이 증가되고 횡격막 호흡은 감소한다. 누워 있는 아이의 복벽이 올라갔다 내려갔다 하는 것을 관찰해 보면 이 사실을 잘 알 수 있다.

전극 변화. 신체의 활동과정을 책임지는 교감신경은 긴장이완이 진행되면서 '안정'된다. 특히 땀샘의 활동이 감소되어 땀을 덜 흘리게 된다. 피부에 땀이 덜 나면 피부의 전도력 또한 감소하는데, 측정 결과 이를 통해 피부 저항력이 증가한다는 것이 드러났다. 또한 피부의 전기적인 변화가 긍정적인 긴장이완 효과를 준다는 것도 증명되었다.

중추신경의 변화. 이것은 이제까지 언급한 생리적인 효과 가운데 가장 긍정적이며 신뢰할 만한 긴장이완 반응이다. 중추신경의 활동은 뇌의 다양한 전기적 활동들로 구성되어 있으며 뇌전도(EEG. 뇌신경 세포의 전기〔電氣〕활동을 그래프로 기록한 그림)를 이용한 잠재된 진동으로서 인간의 두개골 표면에서 측정할 수 있다. 뇌파 가운데 가장 중요한 네 가지 유형에는 알파파, 베타파, 테타파 그리고 델타파가 있으며 이것들은 언제나 혼합된 형태로 나타난다. 델타파는 깊은 수면 상태에서 주로 나타나고, 이와 반대로 베타파는 신체적, 정신적 그리고 정서적인 활동을 할 때 많이 나타난다. 즉 베타파는 육체적으로나 정신적으로 격심한 활동을 함으로써 긴장하거나 흥분할 때 주로 나타난다. 한편 잠이 온다고 느끼거나 꾸벅꾸벅 조는 상태, 말하자면 의식이 깨어 있는 상태로부터 깊이 잠든 상태로의 과도기적 현상은 테타파로 대표된다. 마지막으로 알파파는 긴장을 느끼지 않고 편안하게 깨어 있는 상태에서 나타나는 뇌파이다. 그래서 긴장이완 훈련이 잘 된 사람의 경우 뇌전도 검사를 하면 알파파가 안정적으로 나타난다. 연습이 부족한 사람들한테는 알파파와 테타파가 혼합되어 나타난다. 어떤 사람은 긴장이완 연습을 하는 동안 깊이 잠들어 델타파가 나타나기도 하는데 이것은 잘못된 것이다. 잠을 잘 자기 위해 긴장이완 방법을 사용한다는 것은 긴장이완 연습을 하고 난 다음에 잠든다는 의미지, 연습 도중에 잠드는 것을 의미하지 않기 때문이다. 잠재된 뇌파를 정확하게 '읽는'데에는 기계적인 측정 기술과 해박한 전문지식이 필요하므로 생리적인 긴장이완의 효과를 증명하는 일은 치료요법을 주로 하는 상담실보다는 실험실에서 더 적합한 것으로 보인다.

정신에 미치는 영향

성공적인 긴장이완 과정에서 나타나는 심리생리학적인 영향 가운데 생리적인 효과에 대해서는 이미 세분하여 설명한 바 있다. 심리적인 변화는 아래에 설명하는 바와 같이 인지적, 정서적 그리고 행동상의 변화를 포괄한다.

정신의 영역에 작용하는 인지적 변화는 좁은 의미에서는 뇌의 전기적인 활동과 관련이 있는데 그중 특히 알파파와 관계가 깊다. 긴장하지 않되 의식이 깨어 있는 이런 상태는 선택적으로 집중력을 높일 수 있다. 즉 외부자극에 대한 인지한계가 높아짐으로써, 예를 들어 빛이나 소리 혹은 신체 접촉과 같은 외부 자극을 미약하게 받아들인다는 의미다. 그러므로 신경근육 반응들 역시 더 이상 쉽게 일어나지 않는다.

이때 두 가지 긍정적인 변화가 인지적인 긴장이완 효과와 함께 발생한다. 첫 번째 변화로 집중력이 향상되어 정보를 입수하고 이를 처리하고 사고하는 과정이 보다 순조롭게 진행된다는 것을 들 수 있다. 그러므로 긴장이완이 잘 된 사람은 정신적으로 신선하고 안정된다. 두 번째 변화를 들면, 인지능력의 한계가 달라짐으로써 개개인의 행동수준이 축소되어 신경근육 반응이 더 이상 쉽게 일어나지 않는다는 점이다. 즉 충동적인 행동이 줄어들고 편안하고 안정적으로 몸을 움직이게 된다는 뜻이다. 더욱이 팔다리에 전해지는 무게감은 더욱 편안하고 안정적으로 몸을 움직일 수 있도록 도와준다. 이처럼 긴장이완을 통해 얻은 긍정적인 효과들은 연습을 마친 후에도 어느 정도 남아 있기 마련이다. 하지만 그 효과가 얼마나 오래 지속되는가 하는 것은 긴장이완 연습을 얼마나 규칙적으로 실행했는가에 달려 있다.

영혼에 미치는 영향

지나친 즐거움이나 분노, 두려움과 같은 것은 정서적 반응들이다. 그러한 감정들은 긴장이완이 이루어진 후에는 별로 나타나지 않는다. 이와 반대로 긍정적인 감정과 쾌적한 느낌들은 강화된다. 두려움이나 스트레스같이 좋지 않은 감정들은 적절한 연습을 통해 감소될 수 있기 때문이다. 이러한 정서적 효과들은 심리적으로 흥분이 줄어드는 것과 깊은 관련이 있으며, 특히 심장혈관의 변화와 같은 신경성 흥분과정을 약화시켜준다. 따라서 긴장이 완화된 사람은 그만큼 심신이 안정되어 있다고 볼 수 있다. 특히 아이들의 경우를 관찰해보면 긴장이 완화된 아이들이 자극에 덜 민감하며 욕구불만을 승화시키는 능력이 뛰어나다는 것을 알 수 있다. 그래서 심리적으로나 생리적으로 근본적인 문제가 있는 행동들도 점차 없어진다. 즉 문제시되는 행동들이 일어날 개연성이 줄어든다는 뜻이다. 하지만 이러한 긍정적인 효과는 아이들의 학습능력이나 행동능력에 그리 오랫동안 영향을 미치지 못한다. 그러므로 먼저 사회적인 능력이라든지 지식, 학습전략 혹은 스트레스 극복 따위를 먼저 배우고 훈련해야 한다. 그럼에도 불구하고 긴장이완 훈련으로 나타나는 긍정적인 심리학적·생리학적 효과들은 일시적으로나마 그 뒤에 오는 일련의 학습과정에 매우 훌륭한 기반을 형성한다.

부정적인 영향도 있을까?

지금까지 살펴본 바에 따르면 긴장이완 방법에는 아무런 부정적인 영향도 없는 것 같은 인상을 준다. 그러나 모든 의약품이 부작용을 지닌 것처럼 치료요법 역시 부작용을 지니고 있다. 그러나 그 때문에 긴장이완 방법의 의미가 축소되는 것은 아니다. 오히려 이러한 질문을 제기함으로써 보다 의식적이고 책임감 있게 아이들에게 긴장이완 훈련을 실시할 수 있게 된다.

투약법이나 치료과정상의 지시사항을 따르는 것은 질병을 고

치거나 증상을 완화시키는 데 결정적으로 기여한다. 또 효과적으로 치료함으로써 중대한 부작용을 막을 수 있다.

금기사항이란 어떤 치료법이 질병의 특이성들 때문에 적합하지 않다는 뜻만이 아니라, 그것을 지키지 않을 경우 심지어는 건강을 해칠 수도 있음을 뜻한다.

우리는 일상생활에서 긴장이완 훈련을 실시하면서 그것이 지니는 한계뿐 아니라 다양한 장점들에 대해서도 관심을 기울이게 되었다. 교육적인 영역에서 그리고 치료적인 영역에서 네모-함장-이야기처럼 어린이들에게 적합한 긴장이완 기술들은 오래 전부터 효과적인 '예방조치'로 사용되었다. 물론 이 방법을 청소년이나 어른들에게 실시할 때는 다음과 같은 부작용이 나타난다.

- 두려움
- 근육긴장 고조
- 맥박수 증가

금기사항들은 심리적인 장애와 마찬가지로 신체적으로 어떠한 질병을 앓고 있는가 하는 측면에서도 고려되어야 한다. 그러므로 긴장이완 방법을 실시하기에 앞서 아래와 같은 질병이 있는 경우, 의사와 상담을 하는 것이 좋다.

- 천식
- 위장병(특히 급성일 경우)
- 심장 순환기 질환(예를 들어 유전적으로 심장 결함이 있을 경우)
- 발작성 질환(간질병 같은 것)

심리적으로 장애를 겪는 사람에게도 금기사항이 있다. 아이들의 경우 이것은 무엇보다 다음 두 가지의 서로 다른 문제영역과 관계가 있다.

- 우울장애. 1~2퍼센트의 아이들에게서 나타난다.
- 과잉행동장애

여러 가지 복합적인 증세 가운데 특히 과잉행동장애에서 나타나는 핵심적인 징후는 정신집중장애, 과잉행동, 충동성 등이다. 그러므로 정신을 집중하는 데 어려움을 느끼며 깊이 생각하는 능력이 부족해서 늘 성급하게 행동하는 이른바 '안절부절못하는 아이'들이 문제가 된다. 이 아이들은 결과적으로 학교생활에서도 문제를 일으키는데, 사람들은 바로 이런 어린이들이 긴장이완 방법을 훈련받을 필요가 있다고 생각한다. 그러나 그런 훈련이 적절한 경우도 있지만 그렇지 않은 경우도 있다. 긴장이완 방법의 효과는 과잉행동장애를 일으키는 원인이 무엇인가에 따라 달라진다. 물론 과잉행동장애의 요인이 한 가지만 있는 것은 아니다. 오히려 많은 요인들이 합쳐져 과잉행동장애가 나타난다고 보는 편이 옳다. 따라서 어떤 어린이가 전두엽의 하부자극 때문에 과잉행동장애를 보이는 경우에는 신중하게 긴장이완 방법을 적용해야 하며 간혹 그 방법을 사용하는 것을 포기해야 하는 경우도 생긴다. 신경단위의 하부를 자극하는 방법으로 흥분제를 투여(리탈린이 자주 처방된다)하는 것이 있는데 이 방법을 사용하려면 전문의의 진단을 받아야 한다.

'안절부절못하는' 아이의 경우, 신경단위 하부 자극에 따른 세분화된 증상들이 과잉행동장애를 일으키는 원인은 되지 못한다. 또 이런 어린이들에게는 자극요법도 통하지 않는다. 그러므로 긴장이완 방법 역시 두세 번 정도 신중하게 시험해보는 것이 좋다. 그리고 나면 역설적이게도 아이는 반응을 보인다. 즉, 이 말은 긴장이완이 이루어지는 동안 고양된 과잉행동을 보이는 대신 편안하고 안정적으로 몸을 움직인다는 뜻이다. 그러므로 모든 긴장이완 기술은 의사의 조언이나 행동치료요법상의 조언과 마찬가지로 매우 활용 가치가 높다.

어떻게 이야기해줄 것인가?

만일 자녀에게 네모-함장-이야기를 읽어주기로 했다면 그 이야기를 아무 예고없이 기습적으로 들려주어서는 안 된다. 먼저, 해저세계 이야기를 읽어주기 전에 몇 분 정도 해저세계를 묘사한 그림책으로 아이의 환상을 긍정적으로 체계화시켜주어야 한다. 이때 '글을 읽을 줄 아는' 어린이들을 위해 '어른 함장이 어린 손님들에게'라는 장이 큰 도움이 될 것이다.

어린이들에게는 물이라든지 목욕 그리고 수영과 연결된 개개인의 긍정적인 경험들이 많은 도움이 된다. 더 나아가 긴장이완 훈련을 실시하기 위해서는 방해 요인들이 제거된 주변 상황을 조성해주는 일도 중요하다. 또 아이가 올바르게 눕거나 앉을 수 있도록 지도해야 한다. 여기에 대해서는 다음 장에 나오는 '네모-함장-이야기는 언제 어디서 읽는 것이 좋을까요?'를 참고하기 바란다. 이때 어린이 스스로 자세를 선택할 수 있도록 하라. 그러나 이 과정을 시작하기 전에 주목해야 할 중요한 사실이 한 가지 더 있다. 즉 화장실을 다녀오지 않아도 되는지 물어보는 일이다. 왜냐하면 방광이 가득 차면 긴장이완이 제대로 이루어지지 않기 때문이다. 이것은 '배가 부른' 상태와 긴장이완과의 상관관계와 같은 이치다. 마지막으로 아이에게 눈을 감으라고 하거나 최소한 어떤 순간에 이르면 아이가 눈을 감아야 한다는 사실을 일러주어야 한다.

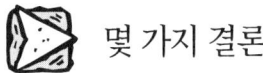 몇 가지 결론

이제까지 언급한 내용을 보면 네모-함장-이야기를 적용했을 때 나타나는 여러 가지 가능성들과 긍정적인 효과들이 무엇인지 잘 알 수 있다. 어머니들, 유치원이나 학교 또는 그밖의 교육기관에 근무하는 교사들과 마찬가지로 어린이 심리치료사들 역시 네모-함장-이야기가 아이들에게 긍정적일 뿐만 아니라 종종 아이들을 열광시키며 또 아이들이나 가족들에게 일정 기간 유용하게 활용될 수 있다고 보고한 바 있다. 특히 가족 구성원 사이에 연대감을 갖는다는 의미에서 어머니나 아버지 그리고 아이들이 함께 네모 함장의 세계 속으로 '잠수'해본다면 더욱 새롭고 긍정적인 경험을 할 수 있게 될 것이다. 어쩌면 이러

한 경험을 직접 해봄으로써 아이와 부모 사이에 무엇인가 색다르고 심화된 관계가 형성될지도 모른다. 네모-함장-이야기의 결론 부분에 이르면 아이에게 해저소풍이 어땠는지, 또 아이가 자신의 환상 속에서 본 해저세계가 어떤 모습이었는지 물어보라. 새로운 대화의 계기가 마련될 것이다. 물론 네모-함장-이야기가 여러분이 지니는 교육적인 과제나 책임을 덜어주는 것은 아니다. 그렇지만 네모-함장-이야기는 어린이와 그 가족들에게 새로운 발전을 모색할 수 있는 적절한 기회와 전망을 열어줄 수 있다. 이런 의미에서 나는 여러분이 이러한 인생의 잠항작전에서, 또 이와 다른 종류의 잠항작전에서도 많은 즐거움을 느끼게 되기를 바란다.

어른 함장이 어린 손님들에게

신기한 바다 속 세상으로

이 책에 등장하는 네모 함장은 『해저 2만리』라는 유명한 과학 소설의 주인공이에요. 『해저 2만리』는 프랑스 소설가 쥘 베른이 1875년에 발표한 소설로, 당시 과학기술로는 꿈도 꿀 수 없었던 잠수함 노틸러스 호가 등장해요. 『해저 2만리』는 우연히 잠수함에 타게 된 아로낙스 박사 일행이 1년 가까이 잠수함을 타고 2만리라는 어마어마한 거리를 탐험하면서 겪는 진귀한 모험들이 담겨 있지요.

자, 『해저 2만리』의 내용을 좀더 자세히 살펴볼까요?

1866년, 여러 척의 배가 대양 한가운데에서 정체를 알 수 없는 괴물과 부딪혔어요. 그 괴물의 정체를 놓고 고래라는 설, 괴물 오징어라는 설 등이 난무하지요.

해양생물학자인 프랑스의 피에르 아로낙스 박사는 괴물의 정체가 사실은 외뿔고래라는 논문을 신문에 발표해요. 이 논문이 발표된 후 미국 정부는 가장 성능이 좋은 군함인 에이브러햄 링컨 호를 출동시키기로 하고 아로낙스 박사 역시 해군 장관의 초대로 조수인 콩세유와 함께 에이브러햄 링컨 호에 승선하게 되지요.

에이브러햄 링컨 호에는 작살의 명수인 네드 랜드도 타고 있었어요. 그는 캐나다 출신으로 세계 최고의 고래잡이였어요. 링컨 호는 괴물 고래가 가장 최근에 나타났다는 북태평양으로 들어가지만 괴물 고래는 나타나지 않고 배 안에 환자가 한두 명씩 늘어나면서 불만이 높아 가요. 마침내 선장은 사흘 안에 고래를 발견하지 못하면 원정을 중단하겠다고 발표하고 일본 해안에서 320킬로미터 떨어진 해상에서 마침내 괴물과 마주치게 되지요.

그러나 괴물을 잡는 것은 쉽지 않았어요. 대포에도, 작살에도 괴물은 꼼짝하지 않았고 오히려 괴물의 몸체에 링커 호가 부딪히면서 아로낙스 박사, 콩세유, 네드는 바다에 떨어지고 말았어요.

세 사람은 괴물의 등을 타고 표류하다 괴물의 정체가 잠수함이라는 것을 알게 되었어요. 그리고 잠수함 안으로 들어간 세 사람은 네모 함장을 만나게 되지요. 네모 함장은 세 사람에게 잠수함에 들어온 이상 절대로 육지로 돌아갈 수 없다고 말해요. 그는 잠수함 노틸러스 호에는 전쟁과 살인이 수없이 벌어지는 지상의 생활에 염증을 느끼고 평화와 자유를 찾아 해저를 여행하는 사람들이 타고 있다고 설명해 주었어요.

　그후 세 사람은 흥미진진한 모험을 하게 되지요. 그들은 크레포스 섬의 해저 숲에서 사냥을 하고 육지에 올라갔다가 토인에게 쫓기기도 해요. 그리고 얼마 후, 네모 함장은 비밀스러운 임무를 수행하기 위해 아로낙스 박사 일행에게 수면제를 먹여요. 그리고 잠에서 깨어난 아로낙스 박사는 한 선원의 죽음과 그의 장례식을 목격해요. 죽은 선원은 해저에 있는 산호숲 묘지에 묻히지요.

　잠수함은 인도양을 향하여 계속 항해하다가 진주조개가 서식하는 실론 섬 부근을 지나가게 되지요. 아로낙스 박사는 이곳의 해저 동굴에서 네모 함장이 키우는 엄청난 크기의 진주조개를 보게 되고 진주조개를 따라 왔다가 상어의 습격을 받는 가난한 인도인을 네모 함장이 구해주는 모습도 보게 되지요.

이제 실론 섬을 뒤로 한 잠수함은 수에즈 운하가 한창 건설 중인 홍해로 향하고, 그곳에서 아로낙스 박사 일행은 사람과 닮은 듀공을 사냥하게 되지요. 얼마 후 잠수함은 수에즈 운하 밑에 있는 자연 터널을 지나 지중해로 들어가고 아로낙스 박사 일행은 탈출을 계획하지요. 잠수함은 터키 영토인 클레테 섬 부근을 지나고 네모 함장은 터키 정부와 싸우는 섬 주민들에게 금덩이가 든 상자를 전해줘요.

네모 함장은 아로낙스 박사에게 해저 화산을 보여 주고는 서둘러 지중해를 벗어나기 시작했어요. 아로낙스 박사 일행은 잠수함이 유럽을 벗어나기 전 탈출을 감행하기로 하지만 잠수함이 바다 밑에서 멈추면서 그만 계획은 실패하고 말았어요. 대신 그들은 네모 함장 일행이 가라앉은 난파선에서 보물을 끌어올리는 모습을 보게 되지요. 아로낙스 박사는 그 보물들이 지상의 억압받고 불행한 사람들을 위해 쓰인다는 사실을 알고는 네모 함장이 지상 세계에 여전히 관심을 갖고 있음을 알게 되지요.

잠수함은 유럽을 등지고 남으로 항해를 계속하여 남아메리카, 적도를 지나가요. 잠수함은 바하마 부근의 해저를 지나다가 길이가 8미터나 되는 오징어의 습격을 받게 되고 네모 함장은 또 한 명의 선원을 잃고 슬픔에 빠져요.

그후 잠수함은 북아메리카의 노스캐롤라이나 주 앞바다를 지나고 잠수함 생활을 7개월이나 한 아로낙스 박사 일행은 네모 함장에게 풀어달라고 하지만 거절당해요. 결국 일행은 뉴욕에 가까운 롱아일랜드 근처를 지날 때 탈출하기로 하지만 심한 폭풍이 치면서 다시 계획은 실패해요.

그날의 폭풍우로 동쪽으로 밀려난 잠수함은 정체불명의 군함의 공격을 받아요. 그 군함은 네모 함장의 가족을 죽음으로 몰아넣은 국가의 군함으로 네모 함장은 복수심에 불타 군함을 침몰시켜 버려요.

군함을 침몰시킨 후 네모 함장은 괴로워하며 방에 틀어박혀 나타나지 않고 아로낙스 박사 일행은 그 틈을 타서 보트를 타고 잠수함을 빠져나와요. 그들이 빠져나오자마자 잠수함은 노르웨이 근해에서 일어나는 무서운 소용돌이인 메르스트롬에 휩쓸려 모습을 감추고 아로낙스 박사 일행은 어부의 구조를 받게 되지요.

그후 노틸러스 호를 보았다는 사람은 아무도 없었어요.

네모-함장-이야기란 무엇일까요?

이제 네모-함장-이야기가 무엇인지 알아볼까요?

네모-함장-이야기는 주인공 두 사람이 바다 속을 여기저기 여행하면서 들려주는 이야기들이에요. 그러니까 두 사람이 바다 밑에서 겪는 모험 이야기지요. 주인공 두 사람 중 한 사람은 네모 함장님이고, 나머지 한 사람은 어린이 여러분이에요. 네모 함장님은 몇 년 동안 잠수함 노틸러스 호를 타고 바다를 여행하고 있어요. 함장님은 바다에 대해서라면 모르는 게 없어요. 함장님은 가끔 잠수함 노틸러스 호로 손님을 초대해요. 네모 함장님은 특히 어린이 여러분을 초대하는 것을 좋아해요. 왜냐하면 어린이 여러분은 잠수함 안에서 생기는 일이든, 바다 밑 세계로 소풍을 나가서 겪는 일이든, 모든 것에 호기심을 갖고 있기 때문이지요.

네모 함장님과 여행할 때 가장 신나는 것은 바다 밑 세상으로 소풍을 나가는 거예요. 이렇게 소풍을 다니면서 여러 가지 재미있는 일을 겪게 되지요. 네모 함장님은 물이 깊지 않고 따뜻하고, 햇빛이 밝게 비치는 곳에서만 잠수를 해요. 이런 곳에는 위험한 물고기나 바다 생물이 돌아다니지 않아요. 그러니까 어린이 여러분은 무서워하지 않아도 되지요.

참, 소풍을 나가기 전에는 준비를 해야 해요. 잠수복도 입어야 되고, 오리발도 껴야 하고, 마스크를 쓰고 산소통도 져야 하지요. 이걸 소풍준비라고 부를게요.

소풍준비는 언제나 똑같아요. 왜 그럴까요? 한번 생각해 보세요! 어린이 여러분이 여행 준비를 한다면, 칫솔, 갈아입을 옷 등을 어디에 챙겨 넣지요? 여행가방에 넣겠지요? 혹시 여행에 필요한 물건들을 어떤 때는 여행가방에, 어떤 때는 책가방에, 또 어떤 때는 장바구니나 운동가방에 챙기는 사람이 있을까요? 그런 사람은 없을 거예요. 그리고 소풍을 나가기 전에 언제나 똑같이 준비를 하는 데는 한 가지 이유가 더 있어요. 그런 준비를 통해 어린이 여러분이 혼자서도 마음의 준비를 할 수 있기 때문이에요. 그리고 준비가 되었을 때에만 소풍을 나갈 수 있는 것을 잊지 마세요.

   어린이 여러분은 모두 14번의 소풍을 나가게 되지요. 소풍마다 제목이 있어서 제목만 보고도 어린이 여러분이 어떤 일을 겪을지 쉽게 눈치챌 수 있어요. 그럼 잠깐 제목들을 살펴볼까요?

산호 숲
돌고래 떼
따뜻한 물이 솟는 분수
돌고래 타기
보물지도
보물찾기
해마 떼
해저도시 아틀란티스
커다란 바다거북
조개껍데기 모으기
고래 가족
해저숲

침몰한 해적선
해저동굴

잠깐! 잠수함 노틸러스 호에는 중요한 게 하나 있어요. 해치라는 문이에요. 어린이 여러분과 네모 함장님은 해치를 통해 물 속으로 들어가요. 또 해치 때문에 잠수함에는 물이 하나도 들어오지 않지요. 잠수함 노틸러스 호는 어린이 여러분이 수십 명은 탈 수 있을 만큼 커요. 정말 특별한 잠수함이지요. 함장님은 어린이 여러분이 편하게 여행을 할 수 있도록 잠수함을 크게 만든 거예요. 여행은 하루이틀에 끝나지 않고, 네모 함장님과 어린이 여러분은 잠수함 안에서 많은 시간을 보내야 하거든요.

네모-함장-이야기에서 무엇을 얻을 수 있을까요?

좀엉뚱한 질문 같나요? 하지만 네모-함장-이야기에는 한 가지 목표가 있어요. 어린이 여러분이 화가 나거나 무섭거나 떨릴 때 혼자 힘으로 이겨 나가도록 돕는 것이지요. 네모 함장 이야기를 읽고 나면 어린이 여러분은 전보다 집중도 더 잘 할 수 있고 같은 자리에 좀더 오래 앉아 있을 수도 있으며, 기분이 좋아져 무서운 것도 느끼지 못하게 되고 잠도 더 잘 잘 수 있어요. 네모-함장-이야기를 어린이 여러분이 규칙적으로 읽거나, 또는 부모님이나 선생님이 규칙적으로 읽어 주면 학교에서 집중력도 높아지고 시험을 보기 전에도 떨리지 않을 거예요. 또 친구들, 선생님, 부모님에게 화가 나는 일도 줄어

들겠지요. 마술 같지요? 하지만 마술은 서커스에서나 볼 수 있어요. 네모-함장-이야기는 마술이 아니에요. 규칙적으로 이 이야기를 읽거나 듣다 보면 어린이 여러분은 앞에서 말한 목표들을 이루기 위해 노력하게 되지요. 그리고 어린이 여러분이 이렇게 노력할 때 네모-함장-이야기, 그리고 네모 함장님이 들려주는 충고들이 도움이 될 거예요. 여기에도 주문 같은 것이 나오기는 하지만, 그래도 이 이야기들은 마술이 아니에요. 어린이 여러분은 네모-함장-이야기로 도움을 받게 될 거예요. 그래서 이 이야기들이 중요한 거지요. 이 이야기를 읽고 나면 어린이 여러분은 힘든 일이 있을 때마다 잠수복을 입고 있다고 상상하게 되지요. 잠수복은 어린이 여러분의 몸을 감싸서 보호해 줄 거예요. 그러면 마음도 안정되고, 마음이 안정되면 생각도 잘 나지요. 또 어린이 여러분은 힘을 내서 문제를 풀거나 목표를 달성하려고 노력하게 될 거예요. 어린이 여러분, 힘들 때마다 잠수복을 입었다고 상상하면서 네모 함장님이 들려주는 말을 떠올려 보세요.

흥분하지 마세요. 그러면 다 잘될 거예요!

네모-함장-이야기는 언제 어디서 읽을까요?

이것도 무척이나 중요하지요. 하지만 먼저 어떤 자세로 책을 읽을지부터 이야기할게요. 어린이 여러분, 먼저 편하게 침대나 바닥에 누우세요. 등을 기대고 두 다리를 쭉 펴고 앉는 것도 좋아요. 방석을 둥글게 말아 무릎 아래 깔고 폭신한 쿠션을 등에 대면 몸도 편하고 포근한 느낌도 들지요. 그리고 허벅지에 책을 올려놓고 편안하게 읽을 수도 있고요. 그런데 네모-함장-이야기를 읽을 때는 주의할 점이 하나 있어요. 한 번에 한 가지 이야기만 읽으라는 거지요. 한꺼번에 모든 이야기를 다 읽으면 안 돼요. 그리고 이야기를 다 읽은 후에는 머릿속으로 그 장면들을 정확하게 상상해 보아야 해요.

자, 그러면 이제는 어디에서 읽는 것이 좋은지 이야기해 볼게요. 누구도 방해하지 못할 편안한 곳을 고르세요. 침대 같은 곳이 좋겠죠. 라디오나 텔레비전같이 시끄러운 소리를 내는 것은 모두 끄세요. 딴 생각이 들 수 있거든요. 부모님이나 선생님이 이야기를 읽어 줄 경우에는 팔다리를 쭉 펴고 눈을 감고 들으세요. 그러면 바다 밑 세상에서 일어나는 일들을 편안하게 상상할 수 있어요. 또 '진짜로 네모 함장님과 바다 속을 여행하면 어떤 일이 벌어질까' 생각해 보게 되지요.

그러면 네모-함장-이야기는 언제 읽는 것이 좋을까요?

숙제를 하기 전이나 잠자기 전에는 마음을 편하게 하는 것이 좋아요. 이때 네모-함장-이야기가 필요하지요. 숙제를 하기 전에 읽는지 아니면 잠들기 전에 읽는지에 따라 이야기의 결말이 달라져요. 이야기를 읽거나 들은 후에 푹 자고 싶으세요? 그러면 먼저 잘 준비를 하고 이야기를 읽거나 들어야 해요. 이야기가 끝난 후에 이를 닦으러 가거나 화장실에 가면 안 되지요. 책을 내려놓고, 불만 끄면 잘 수 있게 준비해야 해요. 그래야 '잠수함 안에 있는 침대에' 누워서 자는 꿈을 꿀 수 있기 때문이죠.

어린이 여러분, 그러면 이제 잠수함 노틸러스 호를 타고 네모 함장님과 함께 신나는 바다 속 여행을 떠나 볼까요?

해저 소풍 이야기

• 첫 번째 소풍 준비하기

어린이 여러분, 네모 함장님의 초대를 받아 잠수함 노틸러스 호에 탔다고 상상해 보세요. 이제 어린이 여러분은 네모 함장님과 함께 전 세계 바다를 여행하며 신기하고 아름다운 바다 밑 세상을 보게 됩니다. 어린이 여러분은 가끔 네모 함장님과 함께 소풍을 나가기도 합니다. 소풍은 정말 재미있어요.

소풍을 나갈 때는 잠수복을 입어야 해요. 아주 신기한 잠수복이라서 입는 순간 정말 마음이 편해져요.

그러면 이제 잠수복을 입어 볼까요? 먼저 한쪽 다리를 잠수복 안에 넣으세요. 그리고 '한쪽 다리가 진짜 편하다'고 말

해 보세요. 그 다음, 다른 쪽 다리도 잠수복에 넣으세요. 그 다리도 정말 편해요. 이제 '다른 쪽 다리도 아주 편하다'고 말해 보세요. 그 다음 엉덩이 위로, 등 위로 잠수복을 끌어올려 입으세요. 한쪽 팔을 잠수복 안에 넣고 '한쪽 팔이 아주 편하다'고 말해 보세요. 이제 다른 쪽 팔을 잠수복 안에 넣으세요. 그 팔도 편하지요? '다른 쪽 팔도 아주 편하다'고 말해 보세요. 잠수복에 달린 모자를 쓰고, 앞에 달려 있는 지퍼를 잠그세요. 이제 어린이 여러분의 몸은 잠수복에 둘러싸여 보호를 받고 있습니다. 마음대로 늘어나는 편안한 잠수복을 입으니 기분도 좋고, 정말 편합니다.

 마지막으로 오리발을 신고 잠수용 마스크를 쓴 다음, 등에다 산소통을 집니다. 네모 함장님이 도와줄 거예요. 산소통까지 맸으면 네모 함장님을 따라 호흡장치를 입에 무세요. 이제 바다 밑으로 소풍을 나갈 준비가 끝났습니다.

 산호숲

  네모 함장님이 노틸러스 호의 해치를 열고 물 속으로 들어갑니다. 어린이 여러분도 그 뒤를 따라서 물 속으로 들어갑니다. 그리고 바다 밑바닥에 있는 곱고 하얀 모래 위에 사뿐히 발을 내딛습니다. 오늘 네모 함장님은 산호숲을 보여 주기로 했습니다. 함장님은 신기한 바다 생물들이 잔뜩 살고 있는 바다 밑 세상으로 어린이 여러분을 데려갑니다. 물 속은 밝고 따뜻하며 사방에 햇빛이 가득합니다. 돌과 물고기들이 알록달록 예쁜 빛을 내고 있습니다. 물고기들은 무서워하지 않고 편안하게 주위를 헤엄칩니다. 어린이 여러분도 아주 편안하고 무섭지 않습니다. 잠수복이 몸을 보호해 주거든요.

  어린이 여러분은 네모 함장 옆에서 미끄러지듯 헤엄치고 있습니다. 갑자기 저 앞에서 뭔가가 반싹거리는 게 보입니다. 그쪽으로 헤엄쳐 가 볼까요? 아담하고 밝은 숲이 나타납니다. 흰색 나무도 있고 주황색 나무로 있습니다. 하지만 잎사귀는 하나도 없습니다. 또 빨간색과 보라색으로 반짝이는 키 작은 나무들도 있습니다. 가지 사이로 빨간색 꽃이 이리저리 흔들립니다. 꽃들은 흔들거리면서 끊임없이 꽃잎을 열었다 닫았다 합니다. 산호숲에 사는 식물들은 바다장미, 딸기장미, 바다패랭이, 바다아네모네같이 예쁜 이름을 가지고 있습니다. 네모 함장님이 소풍을 오기 전에 그 이름들을 알려 주었어요.

산호숲으로 다가가자 그 꽃들은 마치 살아 있는 것처럼 보입니다. 꽃들은 몸이 무거운 듯이 물 속에서 천천히 흔들리고 있습니다. 어린이 여러분도 팔이 무겁게 느껴집니다. 이제 '한쪽 팔이 이상하게 무겁다! 한쪽 팔이 이상하게 무겁다!'라고 중얼거려 보세요. 그 다음 산호숲에서 자라는 꽃들과 자그마한 나무들을 둘러보세요. 무거운 짐을 진 듯 천천히, 이리저리 흔들리고 있습니다. 이제 다른 쪽 팔도 무겁게 느껴지지요? 그러면 '다른 쪽 팔도 이상하게 무겁다! 다른 쪽 팔도 이상하게 무겁다!'고 중얼거려 보세요.

자, 산호숲으로 다가가 볼까요? 꽃들이 보이죠? 조심조심 그 꽃들을 만져 보세요. 네모 함장님이 어떤 꽃을 만져도 되는지 가르쳐줄 거예요. 꽃을 만지자 손가락 끝으로 아주 기분 좋은 느낌이 전해집니다. 마치 누군가 부드럽게 쓰다듬어 주는 것 같습니다. 이제 무서워하지 말고 네모 함장님을 따라 다음 산호초가 있는 곳으로 헤엄쳐 가요. 물속이라서 그런지 몸이 좀 이상하게 느껴질 거예요. 그러면 마음속으로

'양팔이 이상하게 무겁다! 양팔이 이상하게 무겁다!'라고 중얼거려 보세요.

  네모 함장님이 노틸러스 호로 돌아가자고 신호를 보냅니다. 이제 산호숲을 떠나야 돼요. 산호꽃과 산호나무를 한 번 더 둘러보며 작별인사를 하세요. 꽃들도 손을 흔들며 작별인사를 하지요? 이제 마음속으로 한 번 더 '정말 편하다. 그리고 양팔이 이상하게 무겁다! 정말 편하다. 그리고 양팔이 이상하게 무겁다!'고 중얼거려 보세요. 산호숲에 있는 꽃들과 키 작은 나무들을 볼 때마다 이 말이 떠오를 거예요. 이제 네모 함장님과 같이 밝고 따뜻한 물 속을 헤엄쳐 노틸러스 호로 돌아갑니다. 산호숲에서 사는 물고기 몇 마리가 어린이 여러분을 따라 헤엄쳐 오네요. 그 모습을 보니 정말 기분이 좋습니다. 이제 눈앞에 잠수함 노틸러스 호가 나타납니다. 어린이 여러분은 침착하고 안전하게 잠수함 쪽으로 헤엄쳐 갑니다. 몸이 이상하게 무겁기는 하지만 기분은 좋습니다. 이제 노틸러스 호에 도착해 해치를 열고 안으로 들어갑니다.

만일 숙제를 해야 한다면, 이야기는 다음과 같이 끝을 맺게 됩니다.

> 어린이 여러분, 이제 아름다운 꿈에서 깨어나세요. 숨을 깊이 들이마셨다가 천천히 내쉬어 보세요. 한 번 더 숨을 깊이 들이마셨다가 천천히 내쉬어 보세요. 그리고 양쪽 팔을 굽혔다가 쭉 펴세요. 만약 다른 사람이 읽어 주는 것을 눈을 감고 들었다면 이제 눈을 뜨세요. 그리고 서두르지 말고 잠깐 기다렸다가 천천히 일어나세요.

하지만 잠자리에 들 거라면, 이야기는 다음과 같이 끝을 맺게 됩니다.

❝ 어린이 여러분은 소풍을 다녀와서 피곤합니다. 그러나 기분은 좋습니다. 산소통을 내려놓고 오리발과 잠수복과 잠수용 마스크를 벗으세요. 네모 함장님이 옆에서 도와줄 거예요. 다 벗었으면 함장님을 따라 선실에 있는 침대로 가세요. 이제 침대에 몸을 웅크리고 눕습니다. 이제 소풍 나가는 꿈을 꾸며 편안하게 잠이 듭니다. ❞

• 두 번째 소풍 준비하기

어린이 여러분, 네모 함장님의 초대를 받아 잠수함 노틸러스 호에 탔다고 상상해 보세요. 이제 어린이 여러분은 네모 함장님과 함께 전 세계 바다를 여행하며 신기하고 아름다운 바다 밑 세상을 보게 됩니다. 어린이 여러분은 가끔 네모 함장님과 함께 소풍을 나가기도 합니다. 소풍은 정말 재미있어요.

소풍을 나갈 때는 잠수복을 입어야 해요. 아주 신기한 잠수복이라서 입는 순간 정말 마음이 편해져요.

그러면 이제 잠수복을 입어 볼까요? 먼저 한쪽 다리를 잠수복 안에 넣으세요. 그리고 '한쪽 다리가 진짜 편하다'고 말

해 보세요. 그 다음, 다른 쪽 다리도 잠수복에 넣으세요. 그 다리도 정말 편해요. 이제 '다른 쪽 다리도 아주 편하다'고 말해 보세요. 그 다음 엉덩이 위로, 등 위로 잠수복을 끌어올려 입으세요. 한쪽 팔을 잠수복 안에 넣고 '한쪽 팔이 아주 편하다'고 말해 보세요. 이제 다른 쪽 팔을 잠수복 안에 넣으세요. 그 팔도 편하지요? '다른 쪽 팔도 아주 편하다'고 말해 보세요. 잠수복에 달린 모자를 쓰고, 앞에 달려 있는 지퍼를 잠그세요. 이제 어린이 여러분의 몸은 잠수복에 둘러싸여 보호를 받고 있습니다. 마음대로 늘어나는 편안한 잠수복을 입으니 기분도 좋고, 정말 편합니다.

　마지막으로 오리발을 신고 잠수용 마스크를 쓴 다음, 등에다 산소통을 집니다. 네모 함장님이 도와줄 거예요. 산소통까지 맸으면 네모 함장님을 따라 호흡장치를 입에 무세요. 이제 바다 밑으로 소풍을 나갈 준비가 끝났습니다.

 돌고래 떼

　네모 함장님이 노틸러스 호의 해치를 열고 물 속으로 들어갑니다. 어린이 여러분도 그 뒤를 따라서 물 속으로 들어갑니다. 그리고 바다 밑바닥에 있는 곱고 하얀 모래 위에 사뿐히 발을 내딛습니다. 오늘 네모 함장님은 돌고래들을 보여 주기로 했습니다. 함장님은 돌고래들이 어디에 모여서 노는지 잘 알고 있습니다. 어린이 여러분은 함장님을 따라 밝고 따뜻한 물 속을 미끄러지듯 헤엄칩니다. 물 속에는 햇빛이 가득하고 가지각색의 돌과 물고기들이 눈부시게 빛나고 있습니다. 물고기들은 무서워하지 않고 편안하게 주위를 헤엄칩니다. 어린이 여러분도 아주 편안하고 무섭지 않습니다. 잠수복이 몸을 보호해 주거든요.

　이제 함장님을 따라 알록달록한 물고기들 곁을 지나갑니다. 저 멀리 바다거북 한 마리가 둥실 떠 있네요. 어린이 여러분이 제일 좋아하는 색깔의 예쁜 바다꽃 한 송이도 보입니다. 함장님 옆에서 조용히 헤엄치면서 거북과 꽃을 바라보고 있으니 몸이 좀 이상하게 느껴집니다. 먼저 한쪽 팔이 좀 무겁게 느껴질 거예요. 그러면 마음속으로 '한쪽 팔이 이상하게 무겁다! 한쪽 팔이 이상하게 무겁다!'고 중얼거려 보세요. 이제 다른 쪽 팔도 무겁게 느껴지지요? 그러면 '다른 쪽 팔도 이상하게 무겁다! 다른 쪽 팔도 이상하게 무겁다!'고 중얼거려 보세요.

네모 함장님이 가까이 오라고 손짓합니다. 돌고래 떼가 있는 곳에 도착했거든요. 함장님과 커다란 바위에 앉아 돌고래 떼를 관찰해 볼까요? 돌고래들은 장난을 치듯 뒤엉켜 헤엄치고 있습니다. 긴 코로 서로 가볍게 톡톡 치면서 서로 쫓고 쫓기며 헤엄을 칩니다. 돌고래 중에는 아기 돌고래들도 있어요. 아기 돌고래들은 어미 옆에 바짝 붙어 있습니다. 아기 돌고래들은 보호를 받으며 편안하게 헤엄칩니다. 어린이 여러분도 네모 함장님의 보호를 받으며 편안하게 앉아 있습니다. 두 팔이 좀 무거운 게 기분도 좋을 거예요. 이제 마음속으로 '양팔이 이상하게 무겁다! 양팔이 이상하게 무겁다!'고 중얼거려 보세요.

시간이 조금 지나자 돌고래들은 어린이 여러분과 네모 함장님을 무서워하지 않게 됩니다. 아기 돌고래들은 이제 엄마 돌고래에게서 조금 더 떨어져 헤엄을 칩니다. 아기 돌고래 한 마리가 조심조심 다가옵니다. 네모 함장님이 웃으면서 그대로 앉아 있으라고 신호를 보냅니다. 그때 네모 함장님이 들려주었던 말이 떠오릅니다. "흥분하지 마세요. 그러면 다 잘될 거예요!" 네모 함장님도 화날 때, 무서울 때, 불안할 때, 참아야 할 때, 뭔가 생각을 많이 해야 할 때는 가끔 이 말을 떠올린다고 했어요. 그러니까 어린이 여러분도 마음속으로 이 말을 생각하면서 침착하게 아기 돌고래가 다가오는 것을 보세요. 아기 돌고래는 주위를 몇 번 돌면서 어린이 여러분을 자세히 살펴봅니다. 그러고 나서 다정하게 손에 주둥이를 대기도 하고 툭툭 치기도 합니다. 어린이 여러분은 아기 돌고래가 친하게 굴어서 기분이 좋습니다. 이제 좀더 큰 돌고래가 가까이 헤엄쳐 옵니다. 아기 돌고래의 엄마입니다. 아기 돌고래는 엄마에게 헤엄쳐 갑니다. 그러다 몸을 돌리더니 고개를 흔들며 작별인사를 합니다.

네모 함장님이 노틸러스 호로 돌아가자고 신호를 보냅니다. 이제 어린이 여러분은 예쁘고 따뜻하고 커다란 바위에서 일어나 돌고래들 곁을 떠납니다. 어린이 여러분은 몇 번씩 고개를 돌려 돌고래들을 바라봅니다. 이제 어린이 여러분도 돌고래처럼 물 속에서 침착하고 편안하게 움직입니다. 두 팔 말고 두 다리도 무겁게 느껴지지요? 먼저 한쪽 다리가 무겁게 느껴질 거예요. 그러면 마음속으로 이렇게 생각하세요. '한쪽 다리가 이상하게 무겁다! 한쪽 다리가 이상하게 무겁다!' 이제 다른 쪽 다리도 무겁게 느껴집니다. 그러면 마음속으로 '다른 쪽 다리도 이상하게 무겁다! 다른 쪽 다리도 이상하게 무겁다!'고 중얼거립니다. 이제 어린이 여러분은 네모 함장님 옆에서 침착하고 편안하게 헤엄치고 있습니다. 몸 전체가 무겁게 느껴지지만 기분은 좋습니다. 물 속은 밝고, 따뜻하고, 햇빛이 가득합니다. 물고기 몇 마리가 뒤를 따라옵니다. 편안하고 기분도 좋습니다. 이제 눈앞에 잠수함 노틸러스 호가 나타납니다. 곧 함장님과 어린이 여러분은 잠수함에 도착하여 해치를 열고 안으로 들어갑니다.

만일 숙제를 해야 한다면, 이야기는 다음과 같이 끝을 맺게 됩니다.

❝ 어린이 여러분, 이제 아름다운 꿈에서 깨어나세요. 숨을 깊이 들이마셨다가 천천히 내쉬어 보세요. 한 번 더 숨을 깊이 들이마셨다가 천천히 내쉬어 보세요. 그리고 양쪽 팔을 굽혔다가 쭉 펴세요. 만약 다른 사람이 읽어 주는 것을 눈을 감고 들었다면 이제 눈을 뜨세요. 그리고 서두르지 말고 잠깐 기다렸다가 천천히 일어나세요. ❞

하지만 잠자리에 들 거라면, 이야기는 다음과 같이 끝을 맺게 됩니다.

❝ 어린이 여러분은 소풍을 다녀와서 피곤합니다. 그러나 기분은 좋습니다. 산소통을 내려놓고 오리발과 잠수복과 잠수용 마스크를 벗으세요. 네모 함장님이 옆에서 도와줄 거예요. 다 벗었으면 함장님을 따라 선실에 있는 침대로 가세요. 이제 침대에 몸을 웅크리고 눕습니다. 이제 소풍 나가는 꿈을 꾸며 편안하게 잠이 듭니다. ❞

• 세 번째 소풍 준비하기

어린이 여러분, 네모 함장님의 초대를 받아 잠수함 노틸러스 호에 탔다고 상상해 보세요. 이제 어린이 여러분은 네모 함장님과 함께 전 세계 바다를 여행하며 신기하고 아름다운 바다 밑 세상을 보게 됩니다. 어린이 여러분은 가끔 네모 함장님과 함께 소풍을 나가기도 합니다. 소풍은 정말 재미있어요.

 소풍을 나갈 때는 잠수복을 입어야 해요. 아주 신기한 잠수복이라서 입는 순간 정말 마음이 편해져요.

 그러면 이제 잠수복을 입어 볼까요? 먼저 한쪽 다리를 잠수복 안에 넣으세요. 그리고 '한쪽 다리가 진짜 편하다'고 말

해 보세요. 그 다음, 다른 쪽 다리도 잠수복에 넣으세요. 그 다리도 정말 편해요. 이제 '다른 쪽 다리도 아주 편하다'고 말해 보세요. 그 다음 엉덩이 위로, 등 위로 잠수복을 끌어올려 입으세요. 한쪽 팔을 잠수복 안에 넣고 '한쪽 팔이 아주 편하다'고 말해 보세요. 이제 다른 쪽 팔을 잠수복 안에 넣으세요. 그 팔도 편하지요? '다른 쪽 팔도 아주 편하다'고 말해 보세요. 잠수복에 달린 모자를 쓰고, 앞에 달려 있는 지퍼를 잠그세요. 이제 어린이 여러분의 몸은 잠수복에 둘러싸여 보호를 받고 있습니다. 마음대로 늘어나는 편안한 잠수복을 입으니 기분도 좋고, 정말 편합니다.

마지막으로 오리발을 신고 잠수용 마스크를 쓴 다음, 등에다 산소통을 집니다. 네모 함장님이 도와줄 거예요. 산소통까지 멨으면 네모 함장님을 따라 호흡장치를 입에 무세요. 이제 바다 밑으로 소풍을 나갈 준비가 끝났습니다.

 따뜻한 물이 솟는 분수

  네모 함장님이 노틸러스 호의 해치를 열고 물 속으로 들어갑니다. 어린이 여러분도 그 뒤를 따라서 물 속으로 들어갑니다. 그리고 바다 밑바닥에 있는 곱고 하얀 모래 위에 사뿐히 발을 내딛습니다. 오늘은 네모 함장님과 따뜻한 물이 솟는 분수를 찾아가기로 했습니다. 바다에 대해서라면 모르는 게 없는 함장님이 어린이 여러분을 안전하게 안내해 줄 거예요. 이제 어린이 여러분은 네모 함장님과 함께 해저식물, 물고기 그리고 조그만 해마들 곁을 헤엄쳐 갑니다. 물 속은 밝고 따뜻합니다. 햇빛도 가득합니다. 돌과 물고기들은 여러 가지 빛을 냅니다. 물고기들은 무서워하지 않고 편안하게 주위를 헤엄칩니다.

  어린이 여러분도 아주 편안하고 무섭지 않습니다. 잠수복이 몸을 보호해 주거든요. 물 속이라서 그런지 몸이 좀 무겁게 느껴집니다. 기분이 나쁘지 않습니다. 먼저 한쪽 팔이 좀 무겁게 느껴질 거예요. 그러면 마음속으로 '한쪽 팔이 이상하게 무겁다! 한쪽 팔이 이상하게 무겁다!'고 중얼거려 보세요. 이제 다른 쪽 팔도 무겁게 느껴지지요? 그러면 '다른 쪽 팔도 이상하게 무겁다! 다른 쪽 팔도 이상하게 무겁다!'고 중얼거려 보세요.

이제 네모 함장님을 따라 나지막하고 가느다란 탑 모양의 돌들이 있는 거대한 계곡으로 헤엄쳐 들어갑니다. 물이 점점 따뜻해집니다. 거기에는 한번도 본 적 없는 신기한 물고기들이 많이 살고 있습니다. 바닥에는 여러 가지 식물들이 다닥다닥 붙어 자라고 있습니다. 키는 중간 정도이고 잎사귀는 초록색입니다. 함장님 옆에서 아름다운 계곡 속을 미끄러지듯 헤엄치는데 다리가 좀 무겁게 느껴집니다. 먼저 한쪽 다리가 무겁게 느껴질 거예요. 그러면 마음속으로 이렇게 생각하세요. '한쪽 다리가 이상하게 무겁다! 한쪽 다리가 이상하게 무겁다!' 이제 다른 쪽 다리도 무겁게 느껴집니다. 그러면 마음속으로 '다른 쪽 다리도 이상하게 무겁다! 다른 쪽 다리도 이상하게 무겁다!'고 중얼거립니다. 물 속에 있으니 온몸이 편안하고 무겁게 느껴집니다. 그래서 마음속으로 '팔다리가 이상하게 무겁다! 팔다리가 이상하게 무겁다!'고 말합니다.

물은 왜 그렇게 따뜻할까요? 소풍을 나오기 전에 네모 함장님은 땅 위에 온천이 있는 것처럼 바다 밑에도 뜨거운 물이 나오는 곳이 있다고 이야기해 주었습니다. 그 뜨거운 물 때문에 따뜻한 거지요. 네모 함장님은 어린이 여러분과 함께 납작한 탑 모양의 암석들이 있는 곳으로 헤엄쳐 갑니다. 그 안에 있는 작은 웅덩이에서는 따뜻한 물이 솟아납니다. 마치 분수처럼요. 어린이 여러분은 네모 함장님의 손을 잡고 그곳으로 헤엄쳐 갑니다. 그리고 네모 함장님과 함께 작은 탑처럼 생긴 암석 옆에 앉습니다. 부드럽고 하얀 모래가 깔려 있어서 정말 편합니다. 팔과 다리에 샘에서 솟아나오는 따뜻한 물의 감촉이 느껴집니다. 팔도 점점 더 따뜻해집니다. 마음속으로 '한쪽 팔이 아주 따뜻하다! 한쪽 팔이 아주 따뜻하다!'고 말해 보세요. 이제 다른 쪽 팔도 따뜻하지요? 그러면 마음속으로 '다른 쪽 팔도 아주 따뜻하다! 다른 쪽 팔도 아주 따뜻하다!'고 말해 보세요.

그때 몇 미터 떨어진, 탑 모양의 암석에서 여러 가지 색깔로 빛나는 분수가 솟아납니다. 마치 무지개 같습니다. 암석에서 솟아나는 물줄기는 10분마다 2미터 높이로 솟아오릅니다. 네모 함장님은 소풍을 나오기 전에 이미 그 분수 이야기를 해주었습니다. 함장님 말대로 정말 신기한 분수예요. 이제 따뜻한 물줄기가 함장님과 어린이 여러분 옆으로 한바탕 쏟아져 내립니다. 두 팔이 더 따뜻해졌지요? 그러면 마음속으로 '양팔이 아주 따뜻하다! 양팔이 아주 따뜻하다!'고 말해 보세요. 분수는 물줄기를 몇 번 뿜어낸 뒤, 몇 분 동안 다시 잠잠해집니다.

이제 네모 함장님을 따라 근처에 있는 이끼 밭으로 헤엄쳐 가볼까요? 이끼가 정말 무성하게 덮여 있어 마치 공원 벤치 같아요. 그 위에 발을 디뎌 보세요. 정말 기분이 좋죠? 이제 양쪽 팔다리가 조금 무겁게 느껴질 거예요. 그리고 다시 분수가 2미터 높이로 솟아오릅니다. 빨강, 보라, 파랑 등 여러 가지 색으로 빛나는 물줄기가 정말 아름답습니다. 그 모습을 바라보니 기분도 정말 좋아집니다. 다시 따뜻한 물이 밀려옵니다. 마음속으로 '양팔이 아주 따뜻하다! 양팔이 아주 따뜻하다!'고 생각해 보세요. 정말 편하고 기분이 좋죠? 이제 네모 함장님을 쳐다보며 웃어 보세요. 마치 마술의 나라에 온 것 같습니다. 잠시 솟아오르는 분수를 쳐다보며 따뜻한 물이 몸에 닿는 것을 느껴 보세요.

이제 네모 함장님이 노틸러스 호로 돌아가자고 신호를 보냅니다. 따뜻한 물이 솟아나는 분수를 떠나 뜨거운 샘물이 흐르는 곳을 헤엄쳐 지나갑니다. '나는 정말 편안하고 안전하다. 팔다리가 이상하게 무겁다! 양팔이 정말 따뜻하다!'고 마음속으로 생각해 보세요. 어린이 여러분은 밝은 물 속을 헤엄쳐 잠수함으로 돌아가고 있어요. 모든 것이 아름다운 색으로 빛나고 있어요. 이렇게 멋진 소풍을 다녀와서 무척 기쁩니다. 이제 잠수함 노틸러스 호가 눈앞에 나타납니다. 어린이 여러분은 네모 함장님과 천천히 그쪽으로 헤엄쳐 갑니다. 어린이 여러분은 잠수함 앞에 도착해서 해치를 열고 안으로 들어갑니다. 그리고 해치 옆에 앉습니다.

만일 숙제를 해야 한다면, 이야기는 다음과 같이 끝을 맺게 됩니다.

> 어린이 여러분, 이제 아름다운 꿈에서 깨어나세요. 숨을 깊이 들이마셨다가 천천히 내쉬어 보세요. 한 번 더 숨을 깊이 들이마셨다가 천천히 내쉬어 보세요. 그리고 양쪽 팔을 굽혔다가 쭉 펴세요. 만약 다른 사람이 읽어 주는 것을 눈을 감고 들었다면 이제 눈을 뜨세요. 그리고 서두르지 말고 잠깐 기다렸다가 천천히 일어나세요.

하지만 잠자리에 들 거라면, 이야기는 다음과 같이 끝을 맺게 됩니다.

❝ 어린이 여러분은 소풍을 다녀와서 피곤합니다. 그러나 기분은 좋습니다. 산소통을 내려놓고 오리발과 잠수복과 잠수용 마스크를 벗으세요. 네모 함장님이 옆에서 도와줄 거예요. 다 벗었으면 함장님을 따라 선실에 있는 침대로 가세요. 이제 침대에 몸을 웅크리고 눕습니다. 이제 소풍 나가는 꿈을 꾸며 편안하게 잠이 듭니다. ❞

- 네 번째 소풍 준비하기

어린이 여러분, 네모 함장님의 초대를 받아 잠수함 노틸러스 호에 탔다고 상상해 보세요. 이제 어린이 여러분은 네모 함장님과 함께 전 세계 바다를 여행하며 신기하고 아름다운 바다 밑 세상을 보게 됩니다. 어린이 여러분은 가끔 네모 함장님과 함께 소풍을 나가기도 합니다. 소풍은 정말 재미있어요.

소풍을 나갈 때는 잠수복을 입어야 해요. 아주 신기한 잠수복이라서 입는 순간 정말 마음이 편해져요.

그러면 이제 잠수복을 입어 볼까요? 먼저 한쪽 다리를 잠수복 안에 넣으세요. 그리고 '한쪽 다리가 진짜 편하다'고 말

해 보세요. 그 다음, 다른 쪽 다리도 잠수복에 넣으세요. 그 다리도 정말 편해요. 이제 '다른 쪽 다리도 아주 편하다'고 말해 보세요. 그 다음 엉덩이 위로, 등 위로 잠수복을 끌어올려 입으세요. 한쪽 팔을 잠수복 안에 넣고 '한쪽 팔이 아주 편하다'고 말해 보세요. 이제 다른 쪽 팔을 잠수복 안에 넣으세요. 그 팔도 편하지요? '다른 쪽 팔도 아주 편하다'고 말해 보세요. 잠수복에 달린 모자를 쓰고, 앞에 달려 있는 지퍼를 잠그세요. 이제 어린이 여러분의 몸은 잠수복에 둘러싸여 보호를 받고 있습니다. 마음대로 늘어나는 편안한 잠수복을 입으니 기분도 좋고, 정말 편합니다.

　마지막으로 오리발을 신고 잠수용 마스크를 쓴 다음, 등에다 산소통을 집니다. 네모 함장님이 도와줄 거예요. 산소통까지 맸으면 네모 함장님을 따라 호흡장치를 입에 무세요. 이제 바다 밑으로 소풍을 나갈 준비가 끝났습니다.

돌고래 타기

 네모 함장님이 노틸러스 호의 해치를 열고 물 속으로 들어갑니다. 어린이 여러분도 그 뒤를 따라서 물 속으로 들어갑니다. 그리고 바다 밑바닥에 있는 곱고 하얀 모래 위에 사뿐히 발을 내딛습니다. 오늘은 돌고래들을 다시 찾아가기로 했습니다. 그래서 무척 즐겁습니다. 지난번 소풍 때 돌고래들을 찾아가서 아주 재미있는 시간을 보냈거든요. 네모 함장님과 함께 다시 한 번 여러 물고기들의 곁을 헤엄쳐 갑니다. 그 가운데 몇 마리가 뒤를 따라옵니다. 물고기들은 무서워하지 않고 편안하게 주위를 헤엄칩니다.

 어린이 여러분도 아주 편안하고 무섭지 않습니다. 잠수복이 몸을 보호해 주거든요. 또 몸이 좀 무겁고 따뜻하게 느껴집니다. 먼저 한쪽 팔이 좀 무겁게 느껴질 거예요. 그러면 마음속으로 '한쪽 팔이 이상하게 무겁다! 한쪽 팔이 이상하게 무겁다!'고 중얼거려 보세요. 이제 다른 쪽 팔을 볼까요? 물 때문인지 그쪽 팔도 무겁게 느껴집니다. '다른 쪽 팔도 이상하게 무겁다! 다른 쪽 팔도 이상하게 무겁다!' 마음속으로 이렇게 중얼거려 보세요.

네모 함장님이 팔을 뻗어 어느 곳을 가리킵니다. 그곳을 바라봅니다. 돌고래들이 지난번과 거의 같은 장소에서 헤엄치고 있습니다. 돌고래들을 다시 만나게 되어 정말 기쁩니다. 돌고래들을 찾는 것은 쉬운 일이 아니거든요. 이번에도 어린이 여러분은 네모 함장님과 커다란 바위에 앉아 돌고래들을 관찰합니다. 영리한 돌고래들은 아주 자유롭게 물 속을 헤엄치고, 또 물 위로 솟아올랐다가 쏜살같이 물 속으로 들어옵니다. 그런 모습을 보니 정말 신기합니다. 돌고래는 언제나 함께 어울려 놀고 함께 무리를 지어 삽니다. 몇 시간 동안 관찰하면 돌고래들이 어떻게 꼬리를 흔드는지 또 얼마나 날렵하게 물 속을 미끄러져 다니는지 볼 수 있을 것입니다.

잠시 후 아기 돌고래 한 마리가 가까이 헤엄쳐 옵니다. 바위에 앉아 계속 돌고래들을 관찰합니다. 그들에게 주의를 기울이며 바위에 앉아 있는데, 다리가 좀 무겁게 느껴집니다. 먼저 한쪽 다리가 무겁게 느껴집니다. 그래서 마음속으로 이렇게 중얼거립니다. '한쪽 다리가 이상하게 무겁다! 한쪽 다리가 이상하게 무겁다!' 이제 다른 쪽 다리도 무겁게 느껴집니다. 그러면 마음속으로 '다른 쪽 다리도 이상하게 무겁다! 다른 쪽 다리도 이상하게 무겁다!'고 중얼거립니다. 물 속에 있으니 온몸이 편안하고 무겁게 느껴집니다. 그래서 마음속으로 '팔다리가 이상하게 무겁다! 팔다리가 이상하게 무겁다!'고 말합니다.

아기 돌고래는 전혀 무서워하지 않고 헤엄을 칩니다. 아마 지난번 소풍 때 만났던 아기 돌고래인 것 같습니다. 돌고래는 이번에도 어린이 여러분 주위를 빙빙 돌며 헤엄을 칩니다. 코를 킁킁거리며 냄새를 맡는 것 같기도 하고 인사를 하는 것 같기도 합니다. 그렇게 몇 번 주위를 돌다가 돌고래는 등지느러미로 어린이 여러분의 손을 살짝 치고 지나갑니다. 조심조심 아기 돌고래의 등지느러미를 쓰다듬어 줍니다. 아기 돌고래는 몇 번씩 등지느러미로 손을 살짝 칩니다. 네모 함장님이 웃으면서 고개를 끄덕입니다. 그 모습을 보니 문득 네모 함장님이 들려준 말이 떠오릅니다. "흥분하지 마세요. 그러면 다 잘될 거예요!"

그 사이 네모 함장님은 큰 고래를 붙잡고 물 속을 이리저리 미끄러져 다닙니다. 그 모습을 보니 용기가 솟아 나지요? 그러면 이제 아기 돌고래의 등지느러미를 잡아 보세요. 아기 돌고래가 어린이 여러분을 매달고 헤엄을 치기 시작합니다. 정말 재미있습니다. 엄마 돌고래는 조금 떨어진 곳에서 이 광경을 보면서 고개를 끄덕입니다. 마치 응원을 하는 것 같습니다. 어린이 여러분은 네모 함장님과 함께 가볍게, 조금도 힘들지 않게 아름답고 환하고 따뜻한 물 속을 미끄러지듯 헤엄칩니다. 너무 기분이 좋아 온몸이 따뜻해집니다. 그 중에서도 한쪽 팔이 제일 먼저 따뜻해집니다. 마음속으로 '한쪽 팔이 아주 따뜻하다! 한쪽 팔이 아주 따뜻하다!'고 말해 보세요. 이제 다른 쪽 팔도 따뜻하지요? 그러면 마음속으로 '다른 쪽 팔도 아주 따뜻하다! 다른 쪽 팔도 아주 따뜻하다!'고 말해 보세요.

돌고래의 지느러미를 잡고 네모 함장님과 함께 앉아 있었던 바위 위로 헤엄쳐 갑니다. 이제 돌고래의 지느러미를 놓고 바위로 내려갑니다. 몸이 나른하여 기분이 좋습니다. 네모 함장님도 그쪽으로 헤엄쳐 오더니 옆에 앉습니다. 돌고래를 잡고 헤엄을 쳐서인지 한쪽 다리가 따뜻해졌습니다. 그래서 마음속으로 '한쪽 다리가 아주 따뜻하다! 한쪽 다리가 아주 따뜻하다!'고 중얼거립니다. 다른 쪽 다리도 아주 따뜻해졌습니다. 그래서 다시 마음속으로 '다른 쪽 다리도 아주 따뜻하다! 다른 쪽 다리도 아주 따뜻하다!'고 중얼거립니다.

아기 돌고래가 다시 가까이 헤엄쳐 옵니다. 조금 전 네모 함장님과 헤엄을 쳤던 커다란 돌고래도 가까이 다가옵니다. 어린이 여러분과 네모 함장님은 다시 한 번 돌고래들의 등지느러미를 잡고 물 속을 몇 바퀴 더 돌아다닙니다. 누가 헤엄을 더 잘 치는지 시합하는 것은 무척이나 재미있습니다.

잠시 후 네모 함장님이 노틸러스 호로 돌아가자고 신호를 보냅니다. 어린이 여러분은 아기 돌고래를 다정하게 쓰다듬어주면서 작별인사를 합니다. 그러자 아기 돌고래도 주둥이로 다정하게 툭툭 치며 인사합니다.

　이제 어린이 여러분은 네모 함장님과 함께 침착하고 안전하게 노틸러스 호를 향해 헤엄을 칩니다. 기분이 정말 좋습니다. 팔다리도 조금 무겁게 느껴지지요? 마음속으로 '팔다리가 이상하게 무겁다! 팔다리가 이상하게 무겁다!'고 중얼거려 보세요. 물고기 몇 마리가 뒤를 따라옵니다. 새로 친구가 된 아기 돌고래가 생각납니다. 아기 돌고래를 생각하니 온몸이 다시 따뜻해집니다. 마음속으로 '팔다리가 아주 따뜻하다! 팔다리가 아주 따뜻하다!'라고 중얼거려 보세요. 침착하고 안전하게 기분 좋을 정도의 적당한 무게감과 따뜻함을 팔다리에 느끼면서 밝고 맑은 물 속을 헤엄쳐 잠수함 노틸러스 호로 헤엄쳐 갑니다. 잠시 후 잠수함이 나타납니다. 햇빛을 받아 번쩍이는 잠수함은 물 위에 있을 때보다 색이 더욱 강렬해 보입니다. 어린이 여러분은 네모 함장님과 잠수함 쪽으로 헤엄쳐 갑니다. 그리고 잠수함 노틸러스 호 앞에 도착하여 해치를 열고 잠수함 안으로 들어갑니다. 마음이 편안하고 기분이 좋습니다.

만일 숙제를 해야 한다면, 이야기는 다음과 같이 끝을 맺게 됩니다.

❝ 어린이 여러분, 이제 아름다운 꿈에서 깨어나세요. 숨을 깊이 들이마셨다가 천천히 내쉬어 보세요. 한 번 더 숨을 깊이 들이마셨다가 천천히 내쉬어 보세요. 그리고 양쪽 팔을 굽혔다가 쭉 펴세요. 만약 다른 사람이 읽어 주는 것을 눈을 감고 들었다면 이제 눈을 뜨세요. 그리고 서두르지 말고 잠깐 기다렸다가 천천히 일어나세요. ❞

하지만 잠자리에 들 거라면, 이야기는 다음과 같이 끝을 맺게 됩니다.

❝ 어린이 여러분은 소풍을 다녀와서 피곤합니다. 그러나 기분은 좋습니다. 산소통을 내려놓고 오리발과 잠수복과 잠수용 마스크를 벗으세요. 네모 함장님이 옆에서 도와줄 거예요. 다 벗었으면 함장님을 따라 선실에 있는 침대로 가세요. 이제 침대에 몸을 웅크리고 눕습니다. 이제 소풍 나가는 꿈을 꾸며 편안하게 잠이 듭니다. ❞

- 다섯 번째 소풍 준비하기

어린이 여러분, 네모 함장님의 초대를 받아 잠수함 노틸러스 호에 탔다고 상상해 보세요. 이제 어린이 여러분은 네모 함장님과 함께 전 세계 바다를 여행하며 신기하고 아름다운 바다 밑 세상을 보게 됩니다. 어린이 여러분은 가끔 네모 함장님과 함께 소풍을 나가기도 합니다. 소풍은 정말 재미있어요.

소풍을 나갈 때는 잠수복을 입어야 해요. 아주 신기한 잠수복이라서 입는 순간 정말 마음이 편해져요.

그러면 이제 잠수복을 입어 볼까요? 먼저 한쪽 다리를 잠수복 안에 넣으세요. 그리고 '한쪽 다리가 진짜 편하다'고 말

해 보세요. 그 다음, 다른 쪽 다리도 잠수복에 넣으세요. 그 다리도 정말 편해요. 이제 '다른 쪽 다리도 아주 편하다'고 말해 보세요. 그 다음 엉덩이 위로, 등 위로 잠수복을 끌어올려 입으세요. 한쪽 팔을 잠수복 안에 넣고 '한쪽 팔이 아주 편하다'고 말해 보세요. 이제 다른 쪽 팔을 잠수복 안에 넣으세요. 그 팔도 편하지요? '다른 쪽 팔도 아주 편하다'고 말해 보세요. 잠수복에 달린 모자를 쓰고, 앞에 달려 있는 지퍼를 잠그세요. 이제 어린이 여러분의 몸은 잠수복에 둘러싸여 보호를 받고 있습니다. 마음대로 늘어나는 편안한 잠수복을 입으니 기분도 좋고, 정말 편합니다.

마지막으로 오리발을 신고 잠수용 마스크를 쓴 다음, 등에다 산소통을 집니다. 네모 함장님이 도와줄 거예요. 산소통까지 맸으면 네모 함장님을 따라 호흡장치를 입에 무세요. 이제 바다 밑으로 소풍을 나갈 준비가 끝났습니다.

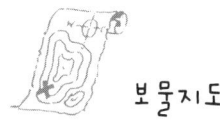 보물지도

　네모 함장님이 노틸러스 호의 해치를 열고 물 속으로 들어갑니다. 어린이 여러분도 그 뒤를 따라서 물 속으로 들어갑니다. 그리고 바다 밑바닥에 있는 곱고 하얀 모래 위에 사뿐히 발을 내딛습니다. 오늘 네모 함장님은 보물지도를 찾으러 가자고 했습니다. 그래서 무척이나 신이 납니다. 조금 긴장도 됩니다. 네모 함장님은 신기한 볼거리가 많은 바다 밑 세상으로 어린이 여러분을 안전하게 안내합니다. 이번에도 조그만 물고기들이 소풍 길을 따라나섭니다. 물고기들은 무서워하지 않고 편안하게 주위를 헤엄치고 있습니다.

　어린이 여러분도 아주 편안하고 무섭지 않습니다. 몸을 보호해 주는 잠수복을 입고 네모 함장님 곁에서 미끄러지듯 헤엄치고 있거든요. 어린이 여러분은 네모 함장님과 모래밭에 도착합니다. 모래밭에는 커다랗고 아름다운 바위들이 여기저기 파묻혀 있습니다. 네모 함장님은 소풍을 나오기 전에 그 바위들 밑에 보물지도가 숨겨져 있을 거라고 이야기해 주었습니다. 이제 어린이 여러분은 물고기처럼 바위 주변을 헤엄칩니다. 어린이 여러분과 네모 함장님은 빨리 보물지도를 찾으려고 바윗돌을 차례차례 들춰 봅니다. 어린이 여러분은 밝고 따뜻한 물 속에서 이리저리 바위틈을 헤집고 다니다가, 검푸른 빛이 도는 바위 쪽으로 방향을 돌립니다. 그 바위는 무성한 이끼 때문에 다른 바위들과는 달리 검푸른 색을 띠고 있습니다. 이제 그 바윗돌을 들어올려 볼까요? 하지만 그 밑에는 아무것도 없습니다. 이제 보라색으로 빛나는 바윗돌로 헤엄쳐 갑니다. 이 바위가 검푸른 바위보다 좀더 크고 무겁습니다. 하지만 이 바위를 들어올리는 것도 힘들지 않습니다. 그러나 그 바위 역시 밑에 아무것도 없습니다.

네모 함장님은 뭔가를 찾아냈을까요? 함장님이 있는 곳을 바라봅니다. 그러나 함장님 역시 아무 것도 찾아내지 못한 것 같습니다. 어린이 여러분은 네모 함장님보다 먼저 보물지도를 찾아내고 싶습니다. 그래서 재빨리 그 다음 바위로 헤엄쳐 갑니다. 그 바윗돌은 황금색으로 빛나고 있습니다. 그 바윗돌 위에 박혀 있는 수많은 수정조각들이 빛을 반사하여 그 바위는 마치 황금 같습니다. 과연 그 바위 아래 지도가 있을까요? 자, 이제 바위를 뒤집어 보세요. 그러나 이번에도 보물지도는 보이지 않습니다. 그래서 그냥 황금색으로 빛나는 바위 위에 주저앉습니다. 힘든 일을 해서인지 팔다리가 무겁게 느껴집니다. 이제 마음속으로 '한쪽 팔이 이상하게 무겁다! 한쪽 팔이 이상하게 무겁다!'고 중얼거립니다. 다른 쪽 팔도 묵직하게 느껴집니다. 그래서 마음속으로 '다른 쪽 팔도 이상하게 무겁다! 다른 쪽 팔도 이상하게 무겁다!'고 되뇌어 봅니다. 어린이 여러분은 바위 위에 앉아 아직 아무것도 찾지 못한 네모 함장님을 바라봅니다. 한쪽 다리가 조금 무겁게 느껴집니다. 그래서 마음속으로 '한쪽 다리가 이상하게 무겁다! 한쪽 다리가 이상하게 무겁다!'고 중얼거립니다. 그렇게 중얼거리는 동안 다른 쪽 다리도 무겁게 느껴집니다. 그래서 또 마음속으로 '다른 쪽 다리도 이상하게 무겁다! 다른 쪽 다리도 이상하게 무겁다!'고 중얼거립니다.

침착하고 안전하게 적당히 무거워진 팔다리를 움직여 옆에 있는 바위로 헤엄쳐 갑니다. 그리고 다시 보물지도를 찾기로 합니다. 이때 네모 함장님의 말이 큰 도움이 됩니다. "흥분하지 마세요. 그러면 다 잘될 거예요!" 이번에 헤엄쳐 간 바위는 붉은빛과 초록빛을 띠고 있습니다. 붉은빛과 초록빛이 바위에 무늬를 만듭니다. 어린이 여러분은 지금까지 그런 무늬를 한 번도 본 적이 없습니다. 이제 그 바윗돌을 옆으로 밉니다. 그러자 그 아래 얇게 모래가 덮여 있고 그 밑에 무엇인가 놓여 있습니다. 모래를 두 손으로 털어내자 뭔가 나타납니다. 밝게 빛나는 것이 거의 흰색에 가깝습니다. 무척이나 긴장됩니다. 이것이 보물지도라면 좋을 텐데. 하지만 바윗돌 아래 숨겨져 있던 것은 커다랗고 아름다운 조개였습니다. 이제 두 손으로 조개를 들어 올려 꼼꼼하게 관찰합니다. 조개는 재빨리 입을 다물어 껍데기 안에 숨겨 놓은 것을 감춰 버립니다. 움푹 모래가 파인 곳에 다시 조개를 내려놓습니다.

이제 그 옆에 있는 바윗돌로 헤엄쳐 가 보세요. 계속 움직여서인지 한쪽 팔이 아주 따뜻해졌습니다. 그래서 마음속으로 이렇게 중얼거립니다. '한쪽 팔이 아주 따뜻하다! 한쪽 팔이 아주 따뜻하다!' 이제 다른 쪽 팔도 따뜻하지요? 그러면 마음속으로 '다른 쪽 팔도 아주 따뜻하다! 다른 쪽 팔도 아주 따뜻하다!'고 말해 보세요. 바위들을 움직이면서 이 바위에서 저 바위로 헤엄쳐 다녀서인지 한쪽 다리가 따뜻해졌습니다. 그래서 마음속으로 '한쪽 다리가 아주 따뜻하다! 한쪽 다리가 아주 따뜻하다!'고 중얼거립니다. 이제 다른 쪽 다리도 아주 따뜻해졌지요? 그래서 마음속으로 이렇게 중얼거립니다. '다른 쪽 다리도 아주 따뜻하다! 다른 쪽 다리도 아주 따뜻하다!'

이제 마지막 바윗돌들이 놓여 있는 곳으로 헤엄쳐 갑니다. 여러 바위들 중 검은색 바탕에 흰색 반점이 찍힌 바위로 다가갑니다. 그 바위는 여러 색의 바위들 속에 섞여 있어서 눈에 잘 뜨이지 않습니다. 어린이 여러분은 바로 그 바위를 움직여 봐야겠다고 생각합니다. 그 바윗돌을 힘껏 들어올리자 또다시 양쪽 팔다리가 기분 좋을 정도로 묵직하게 느껴집니다. '팔다리가 이상하게 무겁다! 팔다리가 이상하게 무겁다!' 마음속으로 이렇게 중얼거리면서 바윗돌을 옆으로 밀어냅니다. 그러자 모래 속에 파묻힌 갈색의 무엇인가가 보입니다. 모래 속에 파묻혀 있는 또 다른 돌인 것 같습니다. 지도 찾기를 포기하려는데 네모 함장님이 들려주었던 말이 다시 머릿속에 떠오릅니다. "흥분하지 마세요. 그러면 다 잘될 거예요!" 마음속으로 그 말을 떠올리며 모래를 한 옆으로 파냅니다. 그러자 네 귀퉁이가 닳아 둥그스름해진 짙은 갈색 가죽 조각이 나타납니다. 그것을 집어 듭니다. 바다 밑에 이런 게 있다는 게 신기하기만 합니다. 가죽 조각을 뒤집어 보니 줄도 그어져 있고 동그라미랑 점들도 찍혀 있습니다. 사각형도 여러 개 있고 'X'자 표시도 하나 새겨져 있습니다. 가죽에 불도장을 찍어 그런 모양들을 표시해 놓은 것 같습니다. 이 가죽 조각이 보물지도일 것이라는 생각이 머리를 스쳐 지나갑니다. 어린이 여러분은 정말 흥분하여 네모 함장님에게 손짓을 합니다. 그리고 함장님에게 헤엄쳐 갑니다. 네모 함장님도 어린이 여러분을 향하여 헤엄쳐 옵니다. 함장님은 가죽 조각을 자세히 들여다보고 나서 매우 기뻐합니다. 그 모습을 보니 그것은 보물지도가 분명한 것 같습니다.

이제 어린이 여러분은 기쁜 마음으로 편안하게 바위에 앉아 있습니다. 그리고 마음속으로 '팔다리가 이상하게 무겁다! 팔다리가 이상하게 무겁다!'고 중얼거립니다. 온몸에 따뜻한 기운이 흘러 기분이 좋습니다. 그래서 어린이 여러분은 마음속으로 '팔다리가 아주 따뜻하다! 팔다리가 아주 따뜻하다!'고 중얼거립니다.

네모 함장님은 지도를 돌려줍니다. 그리고 허리띠 안에 지도를 잘 끼워 넣으라고 손짓합니다. 이번 소풍에서 보물까지 찾기에는 시간이 부족합니다. 이제 어린이 여러분은 네모 함장님과 노틸러스 호로 돌아가야 합니다. 하지만 다음번에 소풍을 나올 때는 보물을 찾게 되겠지요. 어린이 여러분은 네모 함장님과 함께 침착하고 안전하게 노틸러스 호로 헤엄쳐 갑니다. 어린이 여러분은 직접 보물지도를 찾아내서 무척이나 기분이 좋습니다. 어린이 여러분은 드디어 잠수함 노틸러스 호에 도착하여 해치를 열고 안으로 들어갑니다.

만일 숙제를 해야 한다면, 이야기는 다음과 같이 끝을 맺게 됩니다.

> 어린이 여러분, 이제 아름다운 꿈에서 깨어나세요. 숨을 깊이 들이마셨다가 천천히 내쉬어 보세요. 한 번 더 숨을 깊이 들이마셨다가 천천히 내쉬어 보세요. 그리고 양쪽 팔을 굽혔다가 쭉 펴세요. 만약 다른 사람이 읽어 주는 것을 눈을 감고 들었다면 이제 눈을 뜨세요. 그리고 서두르지 말고 잠깐 기다렸다가 천천히 일어나세요.

하지만 잠자리에 들 거라면, 이야기는 다음과 같이 끝을 맺게 됩니다.

❝ 어린이 여러분은 소풍을 다녀와서 피곤합니다. 그러나 기분은 좋습니다. 산소통을 내려놓고 오리발과 잠수복과 잠수용 마스크를 벗으세요. 네모 함장님이 옆에서 도와줄 거예요. 다 벗었으면 함장님을 따라 선실에 있는 침대로 가세요. 이제 침대에 몸을 웅크리고 눕습니다. 이제 소풍 나가는 꿈을 꾸며 편안하게 잠이 듭니다. ❞

• 여섯 번째 소풍 준비하기

어린이 여러분, 네모 함장님의 초대를 받아 잠수함 노틸러스 호에 탔다고 상상해 보세요. 이제 어린이 여러분은 네모 함장님과 함께 전 세계 바다를 여행하며 신기하고 아름다운 바다 밑 세상을 보게 됩니다. 어린이 여러분은 가끔 네모 함장님과 함께 소풍을 나가기도 합니다. 소풍은 정말 재미있어요.

소풍을 나갈 때는 잠수복을 입어야 해요. 아주 신기한 잠수복이라서 입는 순간 정말 마음이 편해져요.

그러면 이제 잠수복을 입어 볼까요? 먼저 한쪽 다리를 잠수복 안에 넣으세요. 그리고 '한쪽 다리가 진짜 편하다'고 말

해 보세요. 그 다음, 다른 쪽 다리도 잠수복에 넣으세요. 그 다리도 정말 편해요. 이제 '다른 쪽 다리도 아주 편하다'고 말해 보세요. 그 다음 엉덩이 위로, 등 위로 잠수복을 끌어올려 입으세요. 한쪽 팔을 잠수복 안에 넣고 '한쪽 팔이 아주 편하다'고 말해 보세요. 이제 다른 쪽 팔을 잠수복 안에 넣으세요. 그 팔도 편하지요? '다른 쪽 팔도 아주 편하다'고 말해 보세요. 잠수복에 달린 모자를 쓰고, 앞에 달려 있는 지퍼를 잠그세요. 이제 어린이 여러분의 몸은 잠수복에 둘러싸여 보호를 받고 있습니다. 마음대로 늘어나는 편안한 잠수복을 입으니 기분도 좋고, 정말 편합니다.

마지막으로 오리발을 신고 잠수용 마스크를 쓴 다음, 등에다 산소통을 집니다. 네모 함장님이 도와줄 거예요. 산소통까지 맸으면 네모 함장님을 따라 호흡장치를 입에 무세요. 이제 바다 밑으로 소풍을 나갈 준비가 끝났습니다.

보물찾기

  네모 함장님이 노틸러스 호의 해치를 열고 물 속으로 들어갑니다. 어린이 여러분도 그 뒤를 따라서 물 속으로 들어갑니다. 그리고 바다 밑바닥에 있는 곱고 하얀 모래 위에 사뿐히 발을 내딛습니다. 어린이 여러분은 물 속에서 네모 함장님과 함께 미끄러지듯 헤엄치고 있습니다. 오늘은 보물을 찾기로 했습니다. 그래서 가죽으로 된 보물지도와 삽을 각자 하나씩 가지고 왔습니다. 어린이 여러분과 네모 함장님은 알록달록 빛을 내는 산호초 옆을 지나 물고기들 사이로 헤엄쳐 갑니다. 어린이 여러분은 네모 함장님과 같이 주위의 물고기들을 관찰하며 편안하고 안전하게 헤엄칩니다.

  물고기들 사이를 헤엄쳐 다니는 것은 전혀 힘들지 않습니다. 위험으로부터 몸을 지켜 주는 잠수복을 입고 있기 때문이죠. 이때 물 속에 있어서인지 팔다리가 무겁게 느껴집니다. 먼저 한쪽 팔이 좀 무겁게 느껴질 거예요. 그러면 마음속으로 '한쪽 팔이 이상하게 무겁다! 한쪽 팔이 이상하게 무겁다!'고 중얼거려 보세요. 이제 다른 쪽 팔도 무겁게 느껴집니다. '다른 쪽 팔도 이상하게 무겁다! 다른 쪽 팔도 이상하게 무겁다!' 마음속으로 이렇게 중얼거려 보세요.

　이제 어린이 여러분과 함장님은 갈림길에 와 있습니다. 그래서 잠시 멈추고 다시 한 번 보물지도를 들여다봅니다. 지도를 보니 오른쪽에 언덕이 표시되어 있습니다. 고개를 들어 바라보니 오른쪽에 조그만 산호산이 보입니다. 어린이 여러분과 네모 함장님은 지도에 표시된 대로 왼쪽으로 방향을 잡습니다. 지도에는 이곳에 수중식물들이 아주 많이 살고 있다고 표시되어 있습니다. 그런데 정말 여러 종류의 해초가 많이 살고 있습니다.

　멈춰 서서 지도를 들여다보는 동안 두 다리가 무겁게 느껴집니다. 먼저 한쪽 다리가 무겁게 느껴질 거예요. 그러면 마음속으로 이렇게 생각하세요. '한쪽 다리가 이상하게 무겁다! 한쪽 다리가 이상하게 무겁다!' 이제 다른 쪽 다리도 무겁게 느껴집니다. 그러면 마음속으로 '다른 쪽 다리도 이상하게 무겁다! 다른 쪽 다리도 이상하게 무겁다!'고 중얼거립니다.

　두 사람은 다시 키가 큰 해초 사이로 헤엄쳐 갑니다. 해초들이 몸을 부드럽게 어루만져 주기 때문에 기분이 아주 좋습니다. 그래서 어린이 여러분은 네모 함장님과 함께 잠시 해초 사이를 이리저리 돌아다녀 봅니다. 네모 함장님이 갑자기

초록색의 아주 커다란 해초 하나를 가리킵니다. 조그맣고 재미있게 생긴 해마들이 춤추듯 그 주위를 돌고 있습니다. 어린이 여러분은 보물지도를 다시 꺼냅니다. 그리고 지도에 표시되어 있는 기호들을 자세히 들여다봅니다. 그 기호들은 어쩌면 이 커다란 해초들을 표시한 것인지도 모릅니다. 어린이 여러분은 네모 함장님과 함께 그쪽으로 헤엄쳐 가서, 삽으로 해초의 오른쪽을 파헤치기 시작합니다. 지도가 틀리지 않다면 바로 이곳에 보물이 숨겨져 있을 것입니다. 어린이 여러분은 네모 함장님과 함께 모래를 파헤쳐 옆으로 밀어놓습니다. 아무래도 보물은 모래 깊숙이 묻혀 있는 것 같습니다. 힘든 일을 해서인지 몸이 아주 따뜻해졌습니다. 잠시 동작을 멈추고 쉴까요? 네모 함장님도 쉬고 있네요.

팔과 다리에 정신을 집중해 보세요. 팔다리가 따뜻해 기분이 좋지요? 먼저 한쪽 팔이 아주 따뜻하게 느껴질 거예요. 그러면 마음속으로 이렇게 중얼거리세요. '한쪽 팔이 아주 따뜻하다! 한쪽 팔이 아주 따뜻하다!' 이제 다른 쪽 팔도 따뜻하지요? 그러면 마음속으로 '다른 쪽 팔도 아주 따뜻하다! 다른 쪽 팔도 아주 따뜻하다!'고 말해 보세요. 이제 두 다리에 정신을 집중해 보세요. 다리도 팔처럼 따뜻해졌습니다. 그래서 마음속으로 '한쪽 다리가 아주 따뜻하다! 한쪽 다리가 아주 따뜻하다!'고 중얼거립니다. 이제 다른 쪽 다리도 아주 따뜻해졌지요? 그래서 마음속으로 이렇게 중얼거립니다. '다른 쪽 다리도 아주 따뜻하다! 다른 쪽 다리도 아주 따뜻하다!'

 이제 충분히 쉬었으니 다시 보물을 찾아볼까요? 어린이 여러분과 네모 함장님은 다시 삽으로 모래를 파내기 시작합니다. 어린이 여러분은 아직 보물 찾는 것을 포기하지 않았습니다. "흥분하지 마세요. 그러면 다 잘될 거예요!"라는 네모 함장님의 말이 큰 도움이 됩니다.

 한참 동안 열심히 모래를 파내는데 삽에 뭔가 딱딱한 것이 부딪힙니다. 어린이 여러분은 네모 함장님에게 신호를 보내고 함장님이 가까이 다가옵니다. 딱딱한 물체를 삽으로 두드려 보니 나무로 만든 상자 같습니다. 어린이 여러분은 열심히 삽질을 해서 상자 위에 쌓여 있는 모래를 옆으로 걷어냅니다. 어린이 여러분은 네모 함장님과 힘을 모아 모래 속에서 상자를 들어올립니다. 그 상자 안에 보물이 들어 있기를 바라면서요. 어린이 여러분은 몹시 긴장하고 흥분했습니다. 그래서 네모 함장님의 도움을 받아 가까스로 상자를 열어 봅니다. '무슨 보물이 이래?' 어린이 여러분은 혼잣말로 중얼거립니다. 상자 안에서 빛을 내는 것은 황금 왕관도 아니고 반지도 아니고 보석이 박힌 팔찌나 목걸이도 아닙니다. 나무

상자 안에는 크기가 서로 다른 조개껍데기들이 들어 있습니다. 어린이 여러분은 몹시 실망해서 마음속에 화가 치밀어 오르는 것을 느낍니다. 하지만 화를 내도 아무 소용없습니다. 어린이 여러분은 어떻게 해야 화를 참을 수 있을지 곰곰이 생각해 봅니다. 그러고는 네모 함장님의 말을 떠올립니다. "흥분하지 마세요. 그러면 다 잘될 거예요!" 어린이 여러분은 이 말을 천천히 그리고 몇 번씩 생각합니다. 그리고 그동안, 네모 함장님은 조개를 집어 들고 조심스럽게 입을 벌려 봅니다. 함장님의 얼굴에 만족스러운 웃음이 번지기 시작합니다. 어린이 여러분은 함장님이 있는 쪽으로 헤엄쳐 가서 조개 속을 들여다봅니다. 네모 함장님은 조개를 벌려 그 안에 들어 있는 작지만 아름다운 진주를 보여 줍니다. 조개들은 모두 진주를 품고 있습니다. 많은 진주들이 상아처럼 흰색으로 빛납니다. 하지만 연분홍색으로 빛나는 진주도 있습니다. 어린이 여러분은 이게 보물이 틀림없다고 생각합니다. 아름답고 조그만 진주들이 바로 보물이었던 것입니다. 어린이 여러분과 네모 함장님은 조심스럽게 상자 안에 조개들을 다시 집어넣고 뚜껑을 닫습니다.

어린이 여러분과 네모 함장님은 나무상자를 양쪽에서 잡고 잠수함 노틸러스 호를 향해 헤엄을 칩니다. 보물상자를 들고 잠수함을 향해 헤엄을 치니 아주 기분이 좋습니다. 팔다리도 다시 무겁게 느껴집니다. 그래서 마음속으로 '한쪽 팔다리가 이상하게 무겁다! 한쪽 팔다리가 이상하게 무겁다!'고 중얼거립니다. 얼마 동안 헤엄쳐 간 뒤 어린이 여러분과 네모 함장님은 상자를 바다 밑바닥에 내려놓고 서로 위치를 바꾸어 상자를 듭니다. 그리고 다시 헤엄을 치는데 또다시 팔다리가 따뜻해진 것이 느껴집니다. 그래서 '팔다리가 아주 따뜻하다! 팔다리가 아주 따뜻하다!'고 마음속으로 중얼거립니다.

이렇게 어린이 여러분과 네모 함장님은 무사히 잠수함 노틸러스 호에 도착합니다. 침착하고 안전하게, 무겁고 따뜻해진 팔다리를 이끌고 어린이 여러분은 해치를 지나 잠수함 안으로 들어갑니다. 네모 함장님이 보물이 든 상자를 올려주자 어린이 여러분은 그 상자를 받아 잠수함 안에 들여놓습니다. 그러고는 그 상자 옆에 주저앉습니다. 네모 함장님도 잠수함 안으로 들어와 어린이 여러분 옆에 앉습니다. 어린이 여러분과 네모 함장님은 보물상자를 찾아낸 것이 기뻐 서로 마주 보고 웃습니다.

만일 숙제를 해야 한다면, 이야기는 다음과 같이 끝을 맺게 됩니다.

> 어린이 여러분, 이제 아름다운 꿈에서 깨어나세요. 숨을 깊이 들이마셨다가 천천히 내쉬어 보세요. 한 번 더 숨을 깊이 들이마셨다가 천천히 내쉬어 보세요. 그리고 양쪽 팔을 굽혔다가 쭉 펴세요. 만약 다른 사람이 읽어 주는 것을 눈을 감고 들었다면 이제 눈을 뜨세요. 그리고 서두르지 말고 잠깐 기다렸다가 천천히 일어나세요.

하지만 잠자리에 들 거라면, 이야기는 다음과 같이 끝을 맺게 됩니다.

" 어린이 여러분은 소풍을 다녀와서 피곤합니다. 그러나 기분은 좋습니다. 산소통을 내려놓고 오리발과 잠수복과 잠수용 마스크를 벗으세요. 네모 함장님이 옆에서 도와줄 거예요. 다 벗었으면 함장님을 따라 선실에 있는 침대로 가세요. 이제 침대에 몸을 웅크리고 눕습니다. 이제 소풍 나가는 꿈을 꾸며 편안하게 잠이 듭니다. "

• 일곱 번째 소풍 준비하기

어린이 여러분, 네모 함장님의 초대를 받아 잠수함 노틸러스 호에 탔다고 상상해 보세요. 이제 어린이 여러분은 네모 함장님과 함께 전 세계 바다를 여행하며 신기하고 아름다운 바다 밑 세상을 보게 됩니다. 어린이 여러분은 가끔 네모 함장님과 함께 소풍을 나가기도 합니다. 소풍은 정말 재미있어요.

소풍을 나갈 때는 잠수복을 입어야 해요. 아주 신기한 잠수복이라서 입는 순간 정말 마음이 편해져요.

그러면 이제 잠수복을 입어 볼까요? 먼저 한쪽 다리를 잠수복 안에 넣으세요. 그리고 '한쪽 다리가 진짜 편하다'고 말

해 보세요. 그 다음, 다른 쪽 다리도 잠수복에 넣으세요. 그 다리도 정말 편해요. 이제 '다른 쪽 다리도 아주 편하다'고 말해 보세요. 그 다음 엉덩이 위로, 등 위로 잠수복을 끌어올려 입으세요. 한쪽 팔을 잠수복 안에 넣고 '한쪽 팔이 아주 편하다'고 말해 보세요. 이제 다른 쪽 팔을 잠수복 안에 넣으세요. 그 팔도 편하지요? '다른 쪽 팔도 아주 편하다'고 말해 보세요. 잠수복에 달린 모자를 쓰고, 앞에 달려 있는 지퍼를 잠그세요. 이제 어린이 여러분의 몸은 잠수복에 둘러싸여 보호를 받고 있습니다. 마음대로 늘어나는 편안한 잠수복을 입으니 기분도 좋고, 정말 편합니다.

마지막으로 오리발을 신고 잠수용 마스크를 쓴 다음, 등에다 산소통을 집니다. 네모 함장님이 도와줄 거예요. 산소통까지 맸으면 네모 함장님을 따라 호흡장치를 입에 무세요. 이제 바다 밑으로 소풍을 나갈 준비가 끝났습니다.

 해마 떼

 네모 함장님이 노틸러스 호의 해치를 열고 물 속으로 들어갑니다. 어린이 여러분도 그 뒤를 따라서 물 속으로 들어갑니다. 그리고 바다 밑바닥에 있는 곱고 하얀 모래 위에 사뿐히 발을 내딛습니다. 오늘 네모 함장님은 해마들을 보여 주겠다고 약속했습니다. 지금은 해마들이 새끼를 낳을 때입니다. 소풍을 나가기 전 네모 함장님은 운이 좋으면 해마 새끼가 태어나는 것을 볼 수 있을 거라고 말해 주었습니다. 그 때문에 어린이 여러분은 매우 긴장되고 기분도 좋습니다. 왜냐하면 동물이 새끼 낳은 모습을 한 번도 가까이에서 본 적이 없거든요. 이번에도 여러 종류의 물고기들이 어린이 여러분과 네모 함장님을 따라옵니다. 물고기들은 무서워하지 않고 편안하게 주위를 헤엄치고 있습니다.

 어린이 여러분도 아주 편안하고 무섭지 않습니다. 몸을 보호해 주는 잠수복을 입고 있거든요. 또 몸도 조금 무겁게 느껴집니다. 그래서 어린이 여러분은 마음속으로 '한쪽 팔이 이상하게 무겁다! 한쪽 팔이 이상하게 무겁다!'고 중얼거립니다. 그리고 잠시 후 다른 쪽 팔에도 그와 똑같이 기분 좋은 느낌이 전해집니다. 그래서 어린이 여러분은 '다른 쪽 팔도 이상하게 무겁다! 다른 쪽 팔도 이상하게 무겁다!'고 마음속으로 중얼거립니다. 어린이 여러분은 침착하게 네모 함장님 옆을 미끄러지듯 헤엄칩니다. 어린이 여러분은 자꾸 바다 밑바닥을 쳐다봅니다. 다른 곳에서는 볼 수 없는 모양과 색깔을 지닌 멋지고 아름다운 돌이며 조개들이 깔려 있기 때문입니다. 마침내 어린이 여러분은 멈춰 서서 마음에 드는 돌과 조개들을 주워 올립니다. 돌이랑 조개를 관찰하는 동안 두 다리가 묵직하게 느껴집니다. 그래서 마음속으로 '한쪽 다리가 이상하게 무겁다! 한쪽 다리가 이상하게 무겁다!'고 중얼거립니다. 다른 쪽 다리도 똑같이 묵직하게 느껴집니다. 그래서 마음속으로 '다른 쪽 다리도 이상하게 무겁다! 다른 쪽 다리도 이상하게 무겁다!'고 중얼거립니다.

어린이 여러분과 네모 함장님은 키가 중간 정도인 해초 위로 헤엄쳐 갑니다. 좀 떨어진 곳에 나지막한 언덕이 보입니다. 네모 함장님은 그곳을 향하고 있습니다. 어린이 여러분도 함장님을 따라갑니다. 몇 분 뒤 어린이 여러분과 네모 함장님은 나지막한 언덕에 도착합니다. 어린이 여러분은 네모 함장님과 함께 언덕과 언덕 사이를 지나 삼면이 언덕으로 둘러싸인 계곡으로 갑니다. 여기서도 해초를 볼 수 있습니다. 해초는 바닷물이 움직일 때마다 이리저리 흔들립니다. 어떤 곳에는 이끼가 피어나 해초가 자라지 못하기도 합니다. 해마들은 바로 그곳에 있습니다. 어린이 여러분과 네모 함장님은 조심스럽게 그리고 천천히 해마들이 무리지어 있는 곳으로 다가갑니다. 좀더 자세히 해마를 관찰하기 위해서입니다. 어린이 여러분과 네모 함장님은 천천히 바다 밑바닥으로 내려가 해마들이 잘 보이는 이끼 위에 자리를 잡습니다.

해마는 재미있게 생긴 동물입니다. 그리고 언제나 몸을 수직으로 세우고 뛰어다니죠. 해마의 길이는 30센티미터 정도이며, 몸통은 'S'자로 구부러져 있습니다. 머리와 등 아래쪽에는 작은 톱니 모양으로 튀어나온 돌기가 있습니다. 해마들에게는 아주 오랜 옛날부터 그런 돌기가 있었지요. 이끼 위에 앉아 해마들을 관찰하는데 몸이 따뜻해지는 것이 느껴집니다. 아마 이끼 위에 앉아 있어서 그런 것 같습니다. 그래서 어린이 여러분은 마음속으로 '한쪽 팔이 아주 따뜻하다! 한쪽 팔이 아주 따뜻하다!'고 중얼거립니다. 다른 쪽 팔에도 이끼에서 나오는 온기가 전해집니다. 그래서 어린이 여러분은 마음속으로 '다른 쪽 팔도 아주 따뜻하다! 다른 쪽 팔도 아주 따뜻하다!'고 중얼거립니다.

네모 함장님이 해마들을 몇 마리 가리킵니다. 그 녀석들은 다른 해마들보다 뚱뚱합니다. 틀림없이 수컷인 것 같습니다. 그리고 이제 곧 새끼를 낳겠지요. 그래요. 어린이 여러분은 언젠가, 해마들은 수컷이 아기집에다 알을 품고 다니다가 알을 부화시킨다는 이야기를 들은 적이 있습니다. 어린이 여러분은 잠시 이끼 위에서 쉬면서 해마들이 어떤 일을 하는지 흥미진진하게 관찰합니다. 해마 여러 마리가 곁으로 다가옵니다. 네모 함장님이 손가락 하나를 쭉 뻗자 해마 한 마리가 그 위에 꼬리를 틀고 앉습니다. 정말 재미있어 보입니다. 그래서 어린이 여러분도 손가락을 펴고 팔을 쭉 뻗습니다. 그러자 다른 녀석이 어린이 여러분의 손가락 위에 앉습니다. 그 모습이 너무 재미있고 신기해서 어린이 여러분은 깔깔 웃습니다.

그 동안에도 이끼는 어린이 여러분의 두 다리를 따뜻하게 해줍니다. 그래서 어린이 여러분은 마음속으로 '한쪽 다리가 아주 따뜻하다! 한쪽 다리가 아주 따뜻하다!'고 속삭입니다. 이제 다른 쪽 다리도 따뜻해지는 것이 느껴지지요? 그러면 마음속으로 '다른 쪽 다리도 아주 따뜻하다! 다른 쪽 다리도 아주 따뜻하다!'고 중얼거려 보세요. 갑자기 해마 몇 마리가 동작을 멈춥니다. 그들은 배를 앞으로 한껏 내밀고 있습니다. 어린이 여러분은 네모 함장님과 함께 마음을 빼앗기고 해마들을 집중하여 바라봅니다. 해마들의 배에서 액체 같은 것이 흘러나오더니 아기 해마가 한 마리씩 차례차례 아기집을 빠져나옵니다. 아기 해마들은 물 속에 둥실 떠 있습니다. 아기 해마들의 수가 점점 더 많아집니다. 수컷 해마 한 마리가 새끼들을 몇 마리나 낳는지, 눈으로 보면서도 믿을 수가 없습니다. 아기 해마들이 마치 아기 캥거루처럼 아기집에서 튀어나오는 모습이 무척이나 재미있습니다. 잠시 후 아기 해마들은 어른 해마들처럼 몸을 수직으로 세우고 깡충깡충 뛰기 시작합니다. 아기 해마들은 아주 기분이 좋은 것 같습니다. 어린이 여러분은 이와 같은 자연의 기적이 놀라울 따름입니다.

이렇게 해마들을 관찰하면서 어린이 여러분은 편안하고 안전하다고 느낍니다. 또 한편으로는 팔다리가 묵직하고 따뜻해진 것도 느낍니다. 그래서 어린이 여러분은 마음속으로 '한쪽 팔다리가 이상하게 무겁다! 한쪽 팔다리가 이상하게 무겁다!'고 중얼거립니다. 어린이 여러분은 팔다리가 따뜻해진 것도 분명하게 느낍니다. 그래서 '팔다리가 아주 따뜻하다! 팔다리가 아주 따뜻하다!'고 마음속으로 중얼거립니다.

이제 네모 함장님이 노틸러스 호로 돌아가자고 신호를 보냅니다. 어린이 여러분과 네모 함장님은 해마들이 놀라지 않도록 조심스럽게 그리고 천천히 몸을 일으킵니다. 해마들은 커다랗고 동그란 눈으로 어린이 여러분과 네모 함장님을 쳐다보며 다정하게 미소를 짓습니다. 그러고는 우스꽝스럽게 몸을 수직으로 세우고 물 속을 깡충깡충 뛰어갑니다. 조그만 해마들이 손끝이며 발끝을 스치고 지나가는 것처럼 손끝이며 발끝이 좀 근질근질합니다. 어린이 여러분은 편안한 기분으로, 또 팔다리에 전해지는 기분 좋은 무게감과 따뜻함을 즐기면서 노틸러스 호로 돌아갑니다. 조그만 물고기들이 또다시 어린이 여러분과 네모 함장님을 따라옵니다. 그래서 잠수함으로 돌아오는 길도 심심하지 않습니다. 잠시 후 눈앞에 잠수함 노틸러스 호가 나타납니다. 어린이 여러분과 네모 함장님은 해치를 열고 잠수함 안으로 들어갑니다.

만일 숙제를 해야 한다면, 이야기는 다음과 같이 끝을 맺게 됩니다.

> 어린이 여러분, 이제 아름다운 꿈에서 깨어나세요. 숨을 깊이 들이마셨다가 천천히 내쉬어 보세요. 한 번 더 숨을 깊이 들이마셨다가 천천히 내쉬어 보세요. 그리고 양쪽 팔을 굽혔다가 쭉 펴세요. 만약 다른 사람이 읽어 주는 것을 눈을 감고 들었다면 이제 눈을 뜨세요. 그리고 서두르지 말고 잠깐 기다렸다가 천천히 일어나세요.

하지만 잠자리에 들 거라면, 이야기는 다음과 같이 끝을 맺게 됩니다.

❝ 어린이 여러분은 소풍을 다녀와서 피곤합니다. 그러나 기분은 좋습니다. 산소통을 내려놓고 오리발과 잠수복과 잠수용 마스크를 벗으세요. 네모 함장님이 옆에서 도와줄 거예요. 다 벗었으면 함장님을 따라 선실에 있는 침대로 가세요. 이제 침대에 몸을 웅크리고 눕습니다. 이제 소풍 나가는 꿈을 꾸며 편안하게 잠이 듭니다. ❞

• 여덟 번째 소풍 준비하기

어린이 여러분, 네모 함장님의 초대를 받아 잠수함 노틸러스 호에 탔다고 상상해 보세요. 이제 어린이 여러분은 네모 함장님과 함께 전 세계 바다를 여행하며 신기하고 아름다운 바다 밑 세상을 보게 됩니다. 어린이 여러분은 가끔 네모 함장님과 함께 소풍을 나가기도 합니다. 소풍은 정말 재미있어요.

 소풍을 나갈 때는 잠수복을 입어야 해요. 아주 신기한 잠수복이라서 입는 순간 정말 마음이 편해져요.

 그러면 이제 잠수복을 입어 볼까요? 먼저 한쪽 다리를 잠수복 안에 넣으세요. 그리고 '한쪽 다리가 진짜 편하다'고 말

해 보세요. 그 다음, 다른 쪽 다리도 잠수복에 넣으세요. 그 다리도 정말 편해요. 이제 '다른 쪽 다리도 아주 편하다'고 말해 보세요. 그 다음 엉덩이 위로, 등 위로 잠수복을 끌어올려 입으세요. 한쪽 팔을 잠수복 안에 넣고 '팔이 아주 편하다'고 말해 보세요. 이제 다른 쪽 팔을 잠수복 안에 넣으세요. 그 팔도 편하지요? '다른 쪽 팔도 아주 편하다'고 말해 보세요. 잠수복에 달린 모자를 쓰고, 앞에 달려 있는 지퍼를 잠그세요. 이제 어린이 여러분의 몸은 잠수복에 둘러싸여 보호를 받고 있습니다. 마음대로 늘어나는 편안한 잠수복을 입으니 기분도 좋고, 정말 편합니다.

마지막으로 오리발을 신고 잠수용 마스크를 쓴 다음, 등에다 산소통을 집니다. 네모 함장님이 도와줄 거예요. 산소통까지 맸으면 네모 함장님을 따라 호흡장치를 입에 무세요. 이제 바다 밑으로 소풍을 나갈 준비가 끝났습니다.

 해저도시 아틀란티스

　네모 함장님이 노틸러스 호의 해치를 열고 물 속으로 들어갑니다. 어린이 여러분도 그 뒤를 따라서 물 속으로 들어갑니다. 그리고 바다 밑바닥에 있는 곱고 하얀 모래 위에 사뿐히 발을 내딛습니다. 오늘 어린이 여러분과 네모 함장님은 함께 해저도시를 찾아가기로 했습니다. 그곳의 이름은 아틀란티스, 아주 오래 전에 바다 속에 가라앉은 대륙이지요. 네모 함장님은 침착하고 안전하게 어린이 여러분을 안내합니다. 넓은 바다 속을 함장님은 어떻게 이렇게 잘 알고 있는지 놀랍기만 합니다. 다른 때와 마찬가지로 이번에도 물고기들이 떼를 지어 어린이 여러분과 함장님을 따라옵니다. 몸집이 좀 큰 것도 있고 더 작은 것도 있으며, 색깔이 알록달록한 것들이 있는가 하면 한 가지 색의 물고기들도 있습니다. 물고기들도 함께 해저도시로 헤엄쳐 갑니다.

　어린이 여러분도 아주 편안하고 무섭지 않습니다. 몸을 보호해 주는 잠수복을 입고 있기 때문이지요. 그리고 잠수복 때문인지 몸이 좀 무겁게 느껴지기도 합니다. 그래서 어린이 여러분은 마음속으로 '양팔이 이상하게 무겁다! 양팔이 이상하게 무겁다!'고 중얼거립니다. 어린이 여러분은 바다 속을 미끄러지듯 헤엄칩니다. 바다 속이 그렇게 밝고, 따뜻하고, 빛으로 가득한 것이 기쁘기만 합니다. 이제 두 다리도 좀 묵직하게 느껴집니다. 그래서 마음속으로 '두 다리가 이상하게 무겁다! 두 다리가 이상하게 무겁다!'고 중얼거립니다.

  마침내 눈앞에 해저도시가 나타납니다. 어린이 여러분과 네모 함장님은 조금도 머뭇거리지 않고 그쪽으로 헤엄쳐 갑니다. 어린이 여러분과 네모 함장님은 도시를 에워싸고 있는 성벽과 집들을 금방 알아봅니다. 어린이 여러분과 네모 함장님은 물고기들과 같이 거대한 성문을 지나 도시 안으로 헤엄쳐 들어갑니다. 물고기 몇 마리가 어린이 여러분과 네모 함장님을 배웅한 뒤 해저도시를 떠납니다. 해저도시의 집들은 대부분 부서져 있지만 그대로 남아 있는 집들도 있습니다. 황금색의 햇빛이 가득 내리쬐는 가운데 여러 종류의 물고기들이 집과 집 사이를 신나게 헤엄쳐 다닙니다. 어린이 여러분은 그 중에서 특히 예쁘고 알록달록한 물고기 떼를 따라 광장이 있는 쪽으로 헤엄쳐 갑니다. 광장에 이르자 작은 바다표범 한 마리가 분수 가장자리에 앉아 있는 것이 보입니다. 그 바다표범이 어린이 여러분을 향해 한쪽 지느러미를 흔들어댑니다. 어린이 여러분도 함께 손을 흔듭니다. 이렇게 신나는 일이 벌어지자 어린이 여러분은 기분이 정말 좋습니다. 바다표범은 지느러미를 흔들고는 공기를 마시러 물 위로 올라갑니다.

어린이 여러분은 해저도시 아틀란티스 안을 둘러봅니다. 어린이 여러분은 네모 함장님과 함께 집집마다 또 거리거리마다 샅샅이 살펴봅니다. 어린이 여러분과 네모 함장님은 해초가 휘감겨 있는 교회 탑 하나를 찾아냅니다. 해저도시 안을 이곳저곳 살펴보면서 네모 함장님과 어린이 여러분은 술래잡기를 합니다. 정말 재미있습니다. 왜냐하면 몇 층이든 상관없이 자유롭게 창문을 통해 집 안으로 헤엄쳐 들어갔다 나왔다 할 수 있으니까요. 이런 일은 땅에서는 불가능한 일입니다. 어린이 여러분은 계단을 오르지 않고 건물 벽을 타고 헤엄쳐 오르내릴 수 있는 게 꿈만 같습니다.

어린이 여러분은 네모 함장님처럼 멋지게 헤엄치며 이 집 저 집 창문을 들락거리며 도망을 다닙니다. 그래서 네모 함장님은 어린이 여러분을 쉽게 잡지 못합니다. 어린이 여러분은 거대한 응접실이 있는 커다란 건물 안으로 들어갑니다. 그리고 응접실에 있는 기둥을 따라 위로 올라갔다 아래로 내려갔다 하면서 헤엄을 칩니다. 또 기둥 주위를 몇 바퀴 돌아 보기도 합니다. 그러다 어린이 여러분은 네모 함장님에게 붙잡힙니다. 이제 어린이 여러분과 네모 함장님은 유유히 해저도시 아틀란티스의 광장 쪽으로 헤엄쳐 갑니다. 그리고 분수 가장자리에 나란히 앉습니다. 그 자리는 조금 전 바다표범이 앉아 있던 곳입니다. 광장은 햇빛이 가득하고 또 따뜻합니다.

분수 가장자리에 앉아 쉬는 동안 어린이 여러분은 팔다리가 아주 따뜻해진 것을 깨닫습니다. 그래서 어린이 여러분은 마음속으로 '양팔이 아주 따뜻하다! 양팔이 아주 따뜻하다!'고 중얼거립니다. 어린이 여러분은 다리를 아래로 내리고 앞뒤로 흔듭니다. 흔들거리는 다리를 내려다보니 다리가 따뜻한 것이 느껴집니다. 그래서 마음속으로 '양쪽 다리가 아주 따뜻하다! 양쪽 다리가 아주 따뜻하다!'고 중얼거립니다.

그렇게 앉아서 충분히 쉰 후, 네모 함장님이 잠수함 노틸러스 호로 돌아가자고 신호를 보냅니다. 어린이 여러분은 네모 함장님과 천천히 해저도시 아틀란티스를 빠져나갑니다. 아틀란티스를 천천히 헤엄쳐 나가면서 어린이 여러분은 다시 한 번 흥미로운 건물들이며 거리들을 자세히 살펴봅니다. 이번에도 물고기 몇 마리가 어린이 여러분과 네모 함장님을 따라 커다란 성문을 빠져나옵니다. 그 물고기들은 해초 사이를 지나고 부드럽고 하얀 모래바닥 위를 지나서, 잠수함 노틸러스 호가 있는 곳까지 배웅해 줍니다.

물에서 따뜻한 기운을 느껴집니다. 편안하고 기분이 좋습니다. 어린이 여러분은 다시 한 번 마음속으로 '팔다리가 이상하게 무겁다! 팔다리가 이상하게 무겁다!'고 중얼거립니다. 어린이 여러분은 이제 팔다리도 기분 나쁘지 않을 만큼 적당히 따뜻해진 것을 느낍니다. 그래서 마음속으로 '팔다리가 아주 따뜻하다! 팔다리가 아주 따뜻하다!'고 중얼거립니다. 이제 눈앞에 잠수함 노틸러스 호가 나타납니다. 어린이 여러분은 편안하게 그쪽으로 헤엄쳐 갑니다. 어린이 여러분은 해치를 열고 잠수함 안으로 들어가 만족스러운 표정으로 해치 옆에 앉습니다.

만일 숙제를 해야 한다면, 이야기는 다음과 같이 끝을 맺게 됩니다.

> 어린이 여러분, 이제 아름다운 꿈에서 깨어나세요. 숨을 깊이 들이마셨다가 천천히 내쉬어 보세요. 한 번 더 숨을 깊이 들이마셨다가 천천히 내쉬어 보세요. 그리고 양쪽 팔을 굽혔다가 쭉 펴세요. 만약 다른 사람이 읽어 주는 것을 눈을 감고 들었다면 이제 눈을 뜨세요. 그리고 서두르지 말고 잠깐 기다렸다가 천천히 일어나세요.

하지만 잠자리에 들 거라면, 이야기는 다음과 같이 끝을 맺게 됩니다.

" 어린이 여러분은 소풍을 다녀와서 피곤합니다. 그러나 기분은 좋습니다. 산소통을 내려놓고 오리발과 잠수복과 잠수용 마스크를 벗으세요. 네모 함장님이 옆에서 도와줄 거예요. 다 벗었으면 함장님을 따라 선실에 있는 침대로 가세요. 이제 침대에 몸을 웅크리고 눕습니다. 이제 소풍 나가는 꿈을 꾸며 편안하게 잠이 듭니다. "

• 아홉 번째 소풍 준비하기

어린이 여러분, 네모 함장님의 초대를 받아 잠수함 노틸러스 호에 탔다고 상상해 보세요. 이제 어린이 여러분은 네모 함장님과 함께 전 세계 바다를 여행하며 신기하고 아름다운 바다 밑 세상을 보게 됩니다. 어린이 여러분은 가끔 네모 함장님과 함께 소풍을 나가기도 합니다. 소풍은 정말 재미있어요.

소풍을 나갈 때는 잠수복을 입어야 해요. 아주 신기한 잠수복이라서 입는 순간 정말 마음이 편해져요.

그러면 이제 잠수복을 입어 볼까요? 먼저 한쪽 다리를 잠수복 안에 넣으세요. 그리고 '한쪽 다리가 진짜 편하다'고 말

해 보세요. 그 다음, 다른 쪽 다리도 잠수복에 넣으세요. 그 다리도 정말 편해요. 이제 '다른 쪽 다리도 아주 편하다'고 말해 보세요. 그 다음 엉덩이 위로, 등 위로 잠수복을 끌어올려 입으세요. 한쪽 팔을 잠수복 안에 넣고 '한쪽 팔이 아주 편하다'고 말해 보세요. 이제 다른 쪽 팔을 잠수복 안에 넣으세요. 그 팔도 편하지요? '다른 쪽 팔도 아주 편하다'고 말해 보세요. 잠수복에 달린 모자를 쓰고, 앞에 달려 있는 지퍼를 잠그세요. 이제 어린이 여러분의 몸은 잠수복에 둘러싸여 보호를 받고 있습니다. 마음대로 늘어나는 편안한 잠수복을 입으니 기분도 좋고, 정말 편합니다.

마지막으로 오리발을 신고 잠수용 마스크를 쓴 다음, 등에다 산소통을 집니다. 네모 함장님이 도와줄 거예요. 산소통까지 멨으면 네모 함장님을 따라 호흡장치를 입에 무세요. 이제 바다 밑으로 소풍을 나갈 준비가 끝났습니다.

커다란 바다거북

　네모 함장님이 노틸러스 호의 해치를 열고 물 속으로 들어갑니다. 어린이 여러분도 그 뒤를 따라서 물 속으로 들어갑니다. 그리고 바다 밑바닥에 있는 곱고 하얀 모래 위에 사뿐히 발을 내딛습니다. 네모 함장님은 오늘 어린이 여러분과 함께 커다란 바다거북들을 찾아나서기로 했습니다. 바다거북들은 바다에 사는 거북들로 몸집이 어마어마하게 큽니다. 뿐만 아니라 녀석들은 아주 오래 삽니다. 거북은 딱딱한 등딱지의 길이가 100~150센티미터 정도 되고, 몸통의 길이와 너비 역시 그 정도입니다. 또 육각형의 무늬가 있는 등딱지는 마치 공을 반으로 자른 것처럼 생겼습니다. 거대한 바다거북을 찾아가는 길에 또다시 가지각색의 조개들과 돌들, 그리고 이미 낯이 익은 물고기들을 만납니다. 물고기들은 침착하게 어린이 여러분과 네모 함장님 곁을 헤엄쳐 지나갑니다.

　어린이 여러분도 아주 편안하고 무섭지 않습니다. 몸을 보호해 주는 잠수복을 입고 있기 때문이지요. 어린이 여러분도 물고기들처럼 침착하게 따뜻하고 밝은 물 속을 미끄러지듯 헤엄쳐 갑니다. 네모 함장님과 소풍을 다니면서 어린이 여러분은 물이 몸에 어떤 영향을 미치는지 아주 빠르게 느낄 수 있습니다. 이제 어린이 여러분은 몸이 조금 무거워진 것을 느낍니다. 그래서 마음속으로 '양팔이 이상하게 무겁다! 양팔이 이상하게 무겁다!'고 중얼거립니다. 양쪽 다리 역시 유난히 무겁게 느껴집니다. 그래서 어린이 여러분은 이렇게 중얼거립니다. '두 다리가 이상하게 무겁다! 두 다리가 이상하게 무겁다!'

어린이 여러분과 네모 함장님은 물고기들과 해마들이 떼 지어 몰려다니는 조그만 해저숲을 지나 햇빛이 가득 내리쬐는 숲 속 공터에 도착합니다. 네모 함장님이 숲 속 공터 한쪽을 가리킵니다. 어린이 여러분과 네모 함장님은 그쪽으로 헤엄쳐 갑니다. 거대한 바다거북 몇 마리가 햇살 아래 누워 등딱지를 데우고 있습니다. 네모 함장님이 손짓을 합니다. 천천히, 조심스럽게 바다거북들 곁으로 가 보자는 신호지요. 어린이 여러분은 네모 함장님을 쳐다보면서 함장님이 하는 대로 따라합니다. 그러면서 마음속으로 이렇게 생각합니다. '흥분하지 마세요. 그러면 다 잘될 거예요!' 네모 함장님이 먼저 거대한 바다거북 근처에 자리를 잡습니다. 어린이 여러분은 함장님 옆에 앉습니다. 어린이 여러분과 함장님은 한동안 참을성 있게 기다립니다.

바다거북들은 어린이 여러분과 네모 함장님에게 익숙해지자 천천히 그리고 조심스럽게 다가옵니다. 크고, 둥글고, 짙은 색깔의 눈으로 호기심에 차 어린이 여러분과 네모 함장님을 쳐다보면서 말이에요. 거북의 입은 마치 웃고 있는 것 같습니다. 거북들이 가까이 다가와서 멈춥니다. 네모 함장님이 거북 한 마리를 향해 천천히 손을 뻗더니, 머리를 쓰다듬어 줍니다. 거북은 그대로 가만히 있습니다. 기분이 아주 좋은 것 같습니다. 네모 함장님이 어린이 여러분을 쳐다보면서 함장님처럼 해 보라고 용기를 불어넣어 줍니다. 어린이 여러분은 마음속으로 '흥분하지 마세요, 그러면 다 잘될 거예요!'라고 생각합니다. 그리고 천천히 팔을 뻗어 거북의 머리를 쓰다듬어 줍니다. 거북이 어린이 여러분 쪽으로 몸을 조금 돌립니다. 머리를 쓰다듬어 주니 기분이 좋은 것 같습니다. 시간이 조금 지나자 거북들이 아주 다정하게 굽니다.

네모 함장님이 커다란 바다거북에게 헤엄쳐 가더니 등에 올라탑니다. 어린이 여러분은 그보다 좀 작은 거북을 골라 등 위에 올라앉습니다. 드디어 달리기 시합이 시작됩니다. 물론 아주 느린 속도로요. 어떤 거북이 시합에서 이길까요? 거북의 등을 타고 흔들흔들 가는 것은 정말 재미있습니다. 어린이 여러분은 거북의 등을 타고 아주 천천히 이리 기우뚱

저리 기우뚱 하는 것이 너무 재미있습니다. 바다거북의 등딱지는 아주 크기 때문에 한곳에 꼭 붙어 앉아 있지 않아도 됩니다. 또 거북은 아주 느리게 움직이기 때문에 아래로 떨어질까 봐 겁을 먹지 않아도 됩니다.

이렇게 느린 속도로 달리기 시합을 하는 동안 몸이 따뜻해집니다. 그래서 마음속으로 '양팔이 아주 따뜻하다! 양팔이 아주 따뜻하다!'고 중얼거립니다. 어린이 여러분은 또 양쪽 다리에도 똑같이 기분 좋은 온기가 전해지는 것을 느낍니다. 그래서 '양다리가 아주 따뜻하다! 양다리가 아주 따뜻하다!'고 마음속으로 중얼거립니다. 네모 함장님과 어린이 여러분은 드넓은 공터를 두 번이나 가로지릅니다. 햇볕까지 내리쬐면서 팔다리가 점점 더 따뜻해집니다. 어린이 여러분은 거북의 등을 타고 천천히 흔들리면서 마음속으로 이렇게 속삭입니다. '아주 편안하고 기분이 좋다. 잠수복을 입고 있으니까 안전하다! 팔다리가 이상하게 무겁고 또 아주 따뜻하다!'

거북의 등에 탄 네모 함장님이 어린이 여러분의 곁을 지나가면서 잠수함 노틸러스 호로 돌아가자고 신호를 보냅니다. 어린이 여러분은 천천히 바다거북의 등에서 미끄러져 내려옵니다. 어린이 여러분은 다시 한 번 거북의 머리를 쓰다듬어 주며 작별인사를 합니다. 그러자 거북도 고개를 끄덕이며 활짝 웃습니다. 그리고 나서 어린이 여러분과 네모 함장님은 밝고 따뜻한 물 속을 헤엄쳐 잠수함으로 돌아갑니다. 이번에도 물고기 몇 마리가 뒤를 따라옵니다. 몸을 잘 감싸주는 잠수복을 입고서 어린이 여러분은 편안하고 안전하게 네모 함장님과 같이 해저숲을 지나 잠수함 노틸러스 호로 돌아갑니다. 잠시 후, 잠수함이 나타납니다. 어린이 여러분과 네모 함장님은 그리로 곧장 헤엄쳐 갑니다. 잠수함 노틸러스 호에 도착하자 어린이 여러분은 해치를 열고 안으로 들어갑니다.

만일 숙제를 해야 한다면, 이야기는 다음과 같이 끝을 맺게 됩니다.

❝ 어린이 여러분, 이제 아름다운 꿈에서 깨어나세요. 숨을 깊이 들이마셨다가 천천히 내쉬어 보세요. 한 번 더 숨을 깊이 들이마셨다가 천천히 내쉬어 보세요. 그리고 양쪽 팔을 굽혔다가 쭉 펴세요. 만약 다른 사람이 읽어 주는 것을 눈을 감고 들었다면 이제 눈을 뜨세요. 그리고 서두르지 말고 잠깐 기다렸다가 천천히 일어나세요. ❞

하지만 잠자리에 들 거라면, 이야기는 다음과 같이 끝을 맺게 됩니다.

❝ 어린이 여러분은 소풍을 다녀와서 피곤합니다. 그러나 기분은 좋습니다. 산소통을 내려놓고 오리발과 잠수복과 잠수용 마스크를 벗으세요. 네모 함장님이 옆에서 도와줄 거예요. 다 벗었으면 함장님을 따라 선실에 있는 침대로 가세요. 이제 침대에 몸을 웅크리고 눕습니다. 이제 소풍 나가는 꿈을 꾸며 편안하게 잠이 듭니다. ❞

• 열 번째 소풍 준비하기

어린이 여러분, 네모 함장님의 초대를 받아 잠수함 노틸러스 호에 탔다고 상상해 보세요. 이제 어린이 여러분은 네모 함장님과 함께 전 세계 바다를 여행하며 신기하고 아름다운 바다 밑 세상을 보게 됩니다. 어린이 여러분은 가끔 네모 함장님과 함께 소풍을 나가기도 합니다. 소풍은 정말 재미있어요.

소풍을 나갈 때는 잠수복을 입어야 해요. 아주 신기한 잠수복이라서 입는 순간 정말 마음이 편해져요.

그러면 이제 잠수복을 입어 볼까요? 먼저 한쪽 다리를 잠수복 안에 넣으세요. 그리고 '한쪽 다리가 진짜 편하다'고 말

해 보세요. 그 다음, 다른 쪽 다리도 잠수복에 넣으세요. 그 다리도 정말 편해요. 이제 '다른 쪽 다리도 아주 편하다'고 말해 보세요. 그 다음 엉덩이 위로, 등 위로 잠수복을 끌어올려 입으세요. 한쪽 팔을 잠수복 안에 넣고 '한쪽 팔이 아주 편하다'고 말해 보세요. 이제 다른 쪽 팔을 잠수복 안에 넣으세요. 그 팔도 편하지요? '다른 쪽 팔도 아주 편하다'고 말해 보세요. 잠수복에 달린 모자를 쓰고, 앞에 달려 있는 지퍼를 잠그세요. 이제 어린이 여러분의 몸은 잠수복에 둘러싸여 보호를 받고 있습니다. 마음대로 늘어나는 편안한 잠수복을 입으니 기분도 좋고, 정말 편합니다.

　마지막으로 오리발을 신고 잠수용 마스크를 쓴 다음, 등에다 산소통을 집니다. 네모 함장님이 도와줄 거예요. 산소통까지 맸으면 네모 함장님을 따라 호흡장치를 입에 무세요. 이제 바다 밑으로 소풍을 나갈 준비가 끝났습니다.

 조개껍데기 모으기

　네모 함장님이 노틸러스 호의 해치를 열고 물 속으로 들어갑니다. 어린이 여러분도 그 뒤를 따라서 물 속으로 들어갑니다. 그리고 바다 밑바닥에 있는 곱고 하얀 모래 위에 한 걸음씩 사뿐히 발을 내딛습니다. 오늘은 잠수함 노틸러스 호의 조개박물관에 전시할 조개껍데기들을 줍기로 했습니다. 네모 함장님은 조개박물관을 좀더 넓히고 싶어합니다. 어떤 조개껍데기들을 찾아낼지 생각만 해도 벌써 기분이 좋아지고 긴장이 됩니다. 어린이 여러분은 네모 함장님과 나란히 헤엄치면서 환하고 깨끗하고 따뜻한 물 속을 지나갑니다. 물 속을 뚫고 내리쬐는 햇빛 때문에 물고기들, 돌들, 산호들, 해초들이 알록달록 여러 가지 색으로 반짝입니다. 몇몇 물고기 떼가 어린이 여러분과 네모 함장님을 배웅합니다. 물고기들은 편안하고 안전하게 어린이 여러분과 네모 함장님 주위에서 헤엄치고 있습니다.

　어린이 여러분도 아주 편안하고 무섭지 않습니다. 몸을 보호해 주는 잠수복을 입고 있기 때문이지요. 몸도 기분 좋을 정도로 적당히 무겁게 느껴집니다. 어린이 여러분은 마음속으로 '양팔이 이상하게 무겁다! 양팔이 이상하게 무겁다!'고 중얼거립니다. 어린이 여러분은 이제 물 속에서 양쪽 다리를 능숙하게 움직일 수 있습니다. 다리를 위아래로 움직이는 것은 조금도 어렵지 않습니다. 어린이 여러분은 마음속으로 '다리가 이상하게 무겁다! 다리가 이상하게 무겁다!'고 중얼거립니다.

　이제 산호초에 붙어 자라는 키 큰 해초들이 보입니다. 어린이 여러분과 네모 함장님은 그 키 큰 해초들 사이를 지나 눈앞에 펼쳐진 모래밭으로 헤엄쳐 갑니다. 모래는 밝은 갈색을 띠고 있습니다. 물은 연한 파란빛이고요. 어린이 여러분은 색깔과 모양이 다양한 물고기들을 볼 수 있습니다. 큰 것도 있고 작은 것도 있고, 몸통이 둥근 것도 있고 가느다란 것도 있으며, 길쭉한 것도 있고 공처럼 동그란 물고기들도 있습니다. 심지어 사각형의 물고기도 보입니다. 물 속 세계에서 눈으로 보고 또 직접 경험하는 모든 것이 너무도 신비스럽습니다. 네모 함장님과 어린이 여러분은 어깨에 조그만 자루를 한 개씩 매달고 있습니다. 조개들을 집어넣을 자루입니다. 모래 바닥 위에 흩어져 있는 작은 돌과 조개껍데기들이 갈수록 많아집니다.

　네모 함장님이 모래가 패여 있는 곳까지 조금 더 헤엄쳐 가자고 신호를 보냅니다. 그곳에 가보니 조개껍데기가 수백만 개나 있습니다. 어린이 여러분은 이미 함장님의 조개박물관을 구경했기 때문에 어떤 조개를 모으지 않아도 되는지 잘 알고 있습니다. 어린이 여러분은 네모 함장님이 아직 손에 넣지 못한 조개들을 모조리 찾아내고 싶습니다. 어린이 여러분은 색깔이나 모양이 특이한 조개가 있는지, 크기가 좀 색다른 조개가 있는지 두루 살펴봅니다. 그리고 조개껍질 서너 개를 찾아내 자루 안에 집어넣습니다. 돌을 뒤집으며 열심히 조개껍데기를 찾는 동안 팔다리가 아주 따뜻해집니다. 그래서 어린이 여러분은 마음속으로 '양팔이 아주 따뜻하다! 양팔이 아주 따뜻하다!'고 중얼거립니다. 모래 위로 둥실 떠가듯 천천히 발을 내디디면서 어린이 여러분은 특별한 조개들이 더 없을까 사방을 두리번거리며 살펴봅니다. 이따금 아주 예쁜 돌을 발견하면 그것도 주워 자루 안에 넣습니다. 이제 어린이 여러분의 양쪽 다리도 아주 따뜻해졌습니다. 그래서 어린이 여러분은 마음속으로 '양다리가 아주 따뜻하다! 양다리가 아주 따뜻하다!'고 중얼거립니다.

 어린이 여러분은 바로 옆에 모래가 움푹 팬 곳에서 조개껍데기를 발견합니다. 하지만 그 조개껍데기들은 이미 네모 함장님의 박물관에 전시되어 있는 것들입니다. 그러나 어린이 여러분은 그 조개껍데기가 마음에 쏙 듭니다. 그중에는 청록색 조개껍데기도 있고 분홍색 조개껍데기도 있습니다. 그 조개껍데기들은 모두 크기가 아주 작고 귀엽습니다. 조개껍데기에는 조그만 구멍이 뚫려 있습니다. 어린이 여러분은 이 조개껍데기들을 모아 팔찌나 목걸이를 만들어야겠다고 생각합니다. 그래서 어린이 여러분은 조개껍데기들을 잔뜩 주워 모읍니다. 특히 청록색과 분홍색의 조개껍데기들을 많이 모으려고 합니다. 어느덧 자루가 가득 차 무거워졌습니다. 네모 함장님이 잠수함으로 돌아가자고 손짓을 합니다. 정말 다행입니다. 네모 함장님이 아니었으면 조개껍데기를 계속 주웠을 테니 말입니다. 어린이 여러분과 네모 함장님의 자루가 모두 불룩해졌습니다. 어린이 여러분은 기분이 아주 좋습니다.

헤엄을 쳐서 잠수함으로 돌아가는데 물고기 몇 마리가 뒤를 따라옵니다. 어린이 여러분은 편안하고 만족스럽습니다. 또 잠수복을 입고 있으니 무섭지도 않습니다. 어린이 여러분은 마음속으로 '팔다리가 이상하게 무겁다! 팔다리가 이상하게 무겁다!'고 중얼거립니다. 네모 함장님과 손을 잡고 헤엄치면서 어린이 여러분은 물고기들을 관찰합니다. 그러자 팔다리가 따뜻하게 느껴집니다. 그래서 어린이 여러분은 마음속으로 '팔다리가 아주 따뜻하다! 팔다리가 아주 따뜻하다!'

고 중얼거립니다. 이제 잠수함 노틸러스 호가 눈앞에 나타납니다. 어린이 여러분은 잠수함의 해치가 있는 쪽으로 헤엄쳐 가서 그 안으로 들어갑니다. 그리고 해치 앞에 앉아 자루를 쏟습니다. 어린이 여러분이 주워 온 그 보물들을 들여다보니 자랑스럽습니다.

만일 숙제를 해야 한다면, 이야기는 다음과 같이 끝을 맺게 됩니다.

❝ 어린이 여러분, 이제 아름다운 꿈에서 깨어나세요. 숨을 깊이 들이마셨다가 천천히 내쉬어 보세요. 한 번 더 숨을 깊이 들이마셨다가 천천히 내쉬어 보세요. 그리고 양쪽 팔을 굽혔다가 쭉 펴세요. 만약 다른 사람이 읽어 주는 것을 눈을 감고 들었다면 이제 눈을 뜨세요. 그리고 서두르지 말고 잠깐 기다렸다가 천천히 일어나세요. ❞

하지만 잠자리에 들 거라면, 이야기는 다음과 같이 끝을 맺게 됩니다.

❝ 어린이 여러분은 소풍을 다녀와서 피곤합니다. 그러나 기분은 좋습니다. 산소통을 내려놓고 오리발과 잠수복과 잠수용 마스크를 벗으세요. 네모 함장님이 옆에서 도와줄 거예요. 다 벗었으면 함장님을 따라 선실에 있는 침대로 가세요. 이제 침대에 몸을 웅크리고 눕습니다. 이제 소풍 나가는 꿈을 꾸며 편안하게 잠이 듭니다. ❞

• 열한 번째 소풍 준비하기

어린이 여러분, 네모 함장님의 초대를 받아 잠수함 노틸러스 호에 탔다고 상상해 보세요. 이제 어린이 여러분은 네모 함장님과 함께 전 세계 바다를 여행하며 신기하고 아름다운 바다 밑 세상을 보게 됩니다. 어린이 여러분은 가끔 네모 함장님과 함께 소풍을 나가기도 합니다. 소풍은 정말 재미있어요.

소풍을 나갈 때는 잠수복을 입어야 해요. 아주 신기한 잠수복이라서 입는 순간 정말 마음이 편해져요.

그러면 이제 잠수복을 입어 볼까요? 먼저 한쪽 다리를 잠수복 안에 넣으세요. 그리고 '한쪽 다리가 진짜 편하다'고 말

해 보세요. 그 다음, 다른 쪽 다리도 잠수복에 넣으세요. 그 다리도 정말 편해요. 이제 '다른 쪽 다리도 아주 편하다'고 말해 보세요. 그 다음 엉덩이 위로, 등 위로 잠수복을 끌어올려 입으세요. 한쪽 팔을 잠수복 안에 넣고 '한쪽 팔이 아주 편하다'고 말해 보세요. 이제 다른 쪽 팔을 잠수복 안에 넣으세요. 그 팔도 편하지요? '다른 쪽 팔도 아주 편하다'고 말해 보세요. 잠수복에 달린 모자를 쓰고, 앞에 달려 있는 지퍼를 잠그세요. 이제 어린이 여러분의 몸은 잠수복에 둘러싸여 보호를 받고 있습니다. 마음대로 늘어나는 편안한 잠수복을 입으니 기분도 좋고, 정말 편합니다.

 마지막으로 오리발을 신고 잠수용 마스크를 쓴 다음, 등에다 산소통을 집니다. 네모 함장님이 도와줄 거예요. 산소통까지 멨으면 네모 함장님을 따라 호흡장치를 입에 무세요. 이제 바다 밑으로 소풍을 나갈 준비가 끝났습니다.

 고래 가족

 네모 함장님이 노틸러스 호의 해치를 열고 물 속으로 들어갑니다. 어린이 여러분도 그 뒤를 따라서 물 속으로 들어갑니다. 그리고 바다 밑바닥에 있는 곱고 하얀 모래 위에 한 걸음씩 사뿐히 발을 내딛습니다. 오늘은 네모 함장님과 고래 떼를 찾아보기로 했습니다. 고래 떼 중에서도 아기 고래가 끼어 있는 무리로 찾기로 했지요. 네모 함장님은 어린이 여러분에게 입이 다물어지지 않을 만큼 커다란 흰수염고래를 보여 주고 싶어합니다. 그래서 어린이 여러분과 네모 함장님은 밝고, 따뜻하고, 햇볕이 가득한 물 속을 헤엄쳐 갑니다. 조그만 물고기들이 이번에도 어린이 여러분과 함장님을 배웅해 줍니다.

 어린이 여러분은 잠수복을 입고 편안하고 안전하게 바다 밑 세계를 헤엄쳐 갑니다. 그런데 물 속이라서 그런지 몸이 조금 무겁게 느껴집니다. 어린이 여러분은 마음속으로 '양팔이 이상하게 무겁다! 양팔이 이상하게 무겁다!'고 중얼거립니다. 네모 함장님은 어린이 여러분 곁에서 헤엄치다가 배가 바다 위쪽을 향하게 몸을 돌립니다. 마치 물 위에 누운 것 같습니다. 함장님은 잠시 그렇게 드러누운 자세로 헤엄을 칩니다. 어린이 여러분도 함장님과 똑같이 해봅니다. 아주 기분이 좋습니다. 이제 어린이 여러분은 양쪽 다리 역시 조금 무거워진 것을 느낍니다. 그래서 마음속으로 '양다리가 이상하게 무겁다! 양다리가 이상하게 무겁다!'고 중얼거립니다. 이제 어린이 여러분과 네모 함장님은 다시 몸을 돌려 배가 바다 밑바닥을 향하게 합니다. 그리고 가볍게 다리를 움직이면서 재빠르게 앞으로 나아갑니다. 저만큼 떨어진 곳에 고래들이 보입니다. 한눈에도 알아차릴 수 있을 만큼 녀석들은 엄청나게 큽니다.

흰수염고래들은 지구에 사는 포유동물 가운데 가장 큽니다. 그래서 고래들 가까이로 다가가면서 어린이 여러분은 존경심과 동시에 두려움마저 느낍니다. 어린이 여러분은 마음을 진정시키기 위해 네모 함장님이 들려준 충고의 말을 두 번 되새깁니다. '흥분하지 마세요. 그러면 다 잘될 거예요! 흥분하지 마세요. 그러면 다 잘될 거예요!' 네모 함장님이 무서워하지 말라고 곁에서 싱긋 웃어 주어 어린이 여러분은 바다 속에 사는 그 엄청난 포유동물에게 다시 정신을 집중할 수 있습니다. 커다란 고래 네 마리와 그보다 좀 작은 고래가 한 마리 있네요. 아기 고래인 것 같습니다. 흰수염고래들은

30미터 정도 자라기도 합니다. 고래는 폐로 숨을 쉽니다. 그래서 공기를 들이마시려고 끊임없이 바다 위로 올라가야 하고, 바다 위로 올라가서는 엄청난 물줄기를 공중에다 뿜어냅니다. 그렇게 뿜은 물은 다시 바다 위로 쏴르르 떨어집니다. 한 번 공기를 들이마시고 나면, 고래들은 짧게는 몇 분, 길게는 한 시간까지 바다 속에 머무를 수 있습니다.

그 아기 고래의 길이는 최소 7~8미터 정도 되어 보입니다. 녀석은 덩치 큰 고래들 주위를 맴돌며 헤엄치고, 네 마리의 어른 고래들이 녀석을 잘 지켜 줍니다. 어린이 여러분과 네모 함장님은 조금 떨어진 둔덕에 앉아, 이 거대한 바다 동물들을 지켜봅니다. 네모 함장님이 곁에서 손을 꼭 잡아 줍니다. 그렇게 그 어마어마한 동물들을 관찰하는 동안, 좀 색다른 고래 한 마리가 가까이 헤엄쳐 옵니다. 기껏해야 2미터 정도밖에 안 되는 그 녀석이 곁으로 조심스럽게 다가옵니다. 잠시 후 서로 낯이 익자 어린이 여러분은 작은 고래를 쓰다듬어 줍니다. 그러자 녀석은 움직이지 않고 가만히 있습니다. 그 순간 어린이 여러분은 너무 기분이 좋아서 몸이 더워지는 것을 느낍니다. 그래서 마음속으로 '양팔이 아주 따뜻하다! 양팔이 아주 따뜻하다!'고 중얼거립니다. 어느새 양쪽 다리에도 온기가 전해집니다. 그래서 어린이 여러분은 마음속으로 '양다리가 아주 따뜻하다! 양다리가 아주 따뜻하다!' 고 중얼거립니다.

거대한 흰수염고래들이 천천히 멀어집니다. 그들은 계속 헤엄쳐 가고 있습니다. 하지만 아직도 고래들은 잘 보입니다. 덩치가 어마어마하게 크기 때문이지요. 이제, 주위를 맴돌던 작은 고래도 떠나갑니다. 어린이 여러분도 이제 잠수함 노틸러스 호로 돌아가야 합니다. 어린이 여러분은 두어 번쯤 몸을 돌려 도저히 잊을 수 없는 동물들을 바라봅니다. 어느새 그들은 아주 작게 보입니다. 어린이 여러분은 만족스럽고 편안하며 안전하게, 네모 함장님 곁에서 헤엄칩니다. 어린이 여러분은 마음속으로 한 번 더 '팔다리가 이상하게 무겁다! 팔다리가 이상하게 무겁다!'고 중얼거립니다. 몸에 온기가 전해집니다. 손가락 끝이며 발가락 끝도 간질간질합니다. 어린이 여러분은 '팔다리가 아주 따뜻하다! 팔다리가 아주 따뜻하다!'고 마음속으로 중얼거립니다. 이제 잠수함 노틸러스 호가 눈앞에 나타납니다. 어린이 여러분과 네모 함장님은 침착하고 안전하게 그쪽으로 헤엄쳐 갑니다. 노틸러스 호에 도착하자 어린이 여러분은 해치를 열고 안으로 들어갑니다.

만일 숙제를 해야 한다면, 이야기는 다음과 같이 끝을 맺게 됩니다.

❝ 어린이 여러분, 이제 아름다운 꿈에서 깨어나세요. 숨을 깊이 들이마셨다가 천천히 내쉬어 보세요. 한 번 더 숨을 깊이 들이마셨다가 천천히 내쉬어 보세요. 그리고 양쪽 팔을 굽혔다가 쭉 펴세요. 만약 다른 사람이 읽어 주는 것을 눈을 감고 들었다면 이제 눈을 뜨세요. 그리고 서두르지 말고 잠깐 기다렸다가 천천히 일어나세요. ❞

하지만 잠자리에 들 거라면, 이야기는 다음과 같이 끝을 맺게 됩니다.

❝ 어린이 여러분은 소풍을 다녀와서 피곤합니다. 그러나 기분은 좋습니다. 산소통을 내려놓고 오리발과 잠수복과 잠수용 마스크를 벗으세요. 네모 함장님이 옆에서 도와줄 거예요. 다 벗었으면 함장님을 따라 선실에 있는 침대로 가세요. 이제 침대에 몸을 웅크리고 눕습니다. 이제 소풍 나가는 꿈을 꾸며 편안하게 잠이 듭니다. ❞

• 열두 번째 소풍 준비하기

어린이 여러분, 네모 함장님의 초대를 받아 잠수함 노틸러스 호에 탔다고 상상해 보세요. 이제 어린이 여러분은 네모 함장님과 함께 전 세계 바다를 여행하며 신기하고 아름다운 바다 밑 세상을 보게 됩니다. 어린이 여러분은 가끔 네모 함장님과 함께 소풍을 나가기도 합니다. 소풍은 정말 재미있어요.

소풍을 나갈 때는 잠수복을 입어야 해요. 아주 신기한 잠수복이라서 입는 순간 정말 마음이 편해져요.

그러면 이제 잠수복을 입어 볼까요? 먼저 한쪽 다리를 잠수복 안에 넣으세요. 그리고 '한쪽 다리가 진짜 편하다'고 말

해보세요. 그 다음, 다른 쪽 다리도 잠수복에 넣으세요. 그 다리도 정말 편해요. 이제 '다른 쪽 다리도 아주 편하다'고 말해 보세요. 그 다음 엉덩이 위로, 등 위로 잠수복을 끌어올려 입으세요. 한쪽 팔을 잠수복 안에 넣고 '한쪽 팔이 아주 편하다'고 말해 보세요. 이제 다른 쪽 팔을 잠수복 안에 넣으세요. 그 팔도 편하지요? '다른 쪽 팔도 아주 편하다'고 말해 보세요. 잠수복에 달린 모자를 쓰고, 앞에 달려 있는 지퍼를 잠그세요. 이제 어린이 여러분의 몸은 잠수복에 둘러싸여 보호를 받고 있습니다. 마음대로 늘어나는 편안한 잠수복을 입으니 기분도 좋고, 정말 편합니다.

마지막으로 오리발을 신고 잠수용 마스크를 쓴 다음, 등에다 산소통을 집니다. 네모 함장님이 도와줄 거예요. 산소통까지 멨으면 네모 함장님을 따라 호흡장치를 입에 무세요. 이제 바다 밑으로 소풍을 나갈 준비가 끝났습니다.

해저숲

네모 함장님이 노틸러스 호의 해치를 열고 물 속으로 들어갑니다. 어린이 여러분도 그 뒤를 따라서 물 속으로 들어갑니다. 그리고 바다 밑바닥에 있는 곱고 하얀 모래 위에 한 걸음씩 사뿐히 발을 내딛습니다. 물 속에는 햇빛이 넘쳐흐릅니다. 밝고 따뜻한 물 속에 있으니 기분이 좋습니다. 오늘 어린이 여러분은 네모 함장님과 해저숲을 찾아가기로 했습니다. 어린이 여러분과 네모 함장님은 헤엄을 치기 시작합니다. 그러자 다른 때처럼 조그만 물고기들이 뒤를 따라옵니다.

어린이 여러분의 몸은 잠수복으로 완전히 감싸여 있습니다. 그래서 기분도 좋고 또 안전하다는 느낌이 듭니다. 물고기들은 오늘따라 유난히 화려한 색으로 반짝입니다. 어린이 여러분과 네모 함장님은 점점 더 무성해지는 산호밭이며 해초밭 위로 헤엄쳐 갑니다. 어느새 해저숲이 보이기 시작합니다. 잠시 후, 어린이 여러분과 네모 함장님은 그곳에 도착합니다. 땅에서 나무들이 자라듯이 어떤 해저숲에는 키가 큰 나무들이 자랍니다. 해저숲에서 자라는 식물들은 하나같이 호리호리하고 키만 클 뿐 잎사귀는 찾아볼 수가 없습니다.

땅에서 자라는 식물들은 사방으로 가지를 뻗지만 바다 밑에서 자라는 식물들은 오직 햇빛을 향해 위쪽으로만 똑바로 뻗어 있습니다. 그 모습이 마치 바다 위로 고개를 내밀려고 하는 것 같습니다. 그때 어린이 여러분은 왠지 팔다리가 좀 무겁게 느껴집니다. 하지만 기분 나쁠 정도로 무거운 것은 아닙니다. 어린이 여러분은 마음속으로 '양팔이 이상하게 무겁다! 양팔이 이상하게 무겁다! 양다리가 이상하게 무겁다! 양다리가 이상하게 무겁다!'고 중얼거립니다.

해저숲에는 색깔과 크기가 각양각색인 물고기가 많습니다. 몸집이 통통한 물고기들이 많지만, 어떤 것은 홀쭉하기도 합니다. 또 부침개처럼 납작한 물고기들도 있습니다. 해저숲에 있는 물고기 중에는 기다란 보자기처럼 생긴 꼬리지느러미가 달린 놈들도 있습니다. 그 모습이 정말 재미있습니다. 물고기들은 술래잡기 놀이라도 하는 듯 덤불이며 나무 사이를 요리조리 누비며 헤엄칩니다. 때때로 물고기 한 마리가 코앞에 나타나 입을 쩍 벌리고 히죽거립니다. 어린이 여러분은 그 모습을 보고 웃지 않을 수 없습니다.

해저숲은 아주 신나는 곳입니다. 그곳에서는 나무 꼭대기까지 올라가는 것도 무섭지 않습니다. 나무 밑으로 떨어져도 다칠 걱정이 없거든요. 땅 위에서라면 그렇게 쉽게 나무에 올라갔다가 내려올 수 없습니다. 잎이 무성한 몇몇 나뭇가지에서 작고 알록달록한 물고기들이 자고 있습니다. 또 조그만 거북들과 달팽이들도 있습니다. 네모 함장님이 어린이 여러분의 손을 잡고 잎사귀가 빽빽한 나무 꼭대기로 이끕니다. 그곳에서 내려다보는 해저숲의 모습이 무척이나 아름답습니다. 어린이 여러분은 마치 물 속의 타잔이라도 된 것 같습니다. 어린이 여러분과 네모 함장님은 그 나무 꼭대기 위에 눕습니다. 그러자 나뭇잎들이 커다랗고 멋진 이불처럼 몸을 감싸 줍니다. 이렇게 이불을 덮고 있으니 무척 따뜻하다는 생각이 듭니다. 어린이 여러분은 마음속으로 '양팔이 아주 따뜻하다! 양팔이 아주 따뜻하다! 양다리도 아주 따뜻하다! 양다리도 아주 따뜻하다!'고 중얼거립니다.

　네모 함장님과 같이 그렇게 누워 쉬면서 어린이 여러분은 모든 것을 자세히 관찰합니다. 그리고 나서 어린이 여러분과 네모 함장님은 나무꼭대기에서 내려옵니다. 네모 함장님은 해저숲을 지나 잠수함 노틸러스 호까지 어린이 여러분을 안전하게 인도합니다. 물고기 떼가 또다시 뒤를 따라옵니다. 어린이 여러분은 적당히 무거워진 팔다리를 움직여 편안하고 안전하게 물 속을 헤엄쳐 갑니다. 어린이 여러분의 팔다리는 무척 따뜻합니다. 눈앞에 잠수함 노틸러스 호가 보입니다. 어느새 해저숲은 뒤쪽으로 멀어져 갑니다. 어린이 여러분은 한 번 더 뒤를 돌아봅니다. 그러자 저만치 해저숲의 초록색 나무들이 눈에 들어옵니다. 잠수함 노틸러스 호가 더욱 가까워졌습니다. 어린이 여러분은 편안하고 안전하게, 왠지 좀 무겁고 따뜻해진 몸으로, 잠수함 노틸러스 호의 해치가 있는 쪽으로 헤엄쳐 갑니다. 어린이 여러분은 해치를 열고 안으로 들어가서 그 옆에 앉습니다.

만일 숙제를 해야 한다면, 이야기는 다음과 같이 끝을 맺게 됩니다.

> 어린이 여러분, 이제 아름다운 꿈에서 깨어나세요. 숨을 깊이 들이마셨다가 천천히 내쉬어 보세요. 한 번 더 숨을 깊이 들이마셨다가 천천히 내쉬어 보세요. 그리고 양쪽 팔을 굽혔다가 쭉 펴세요. 만약 다른 사람이 읽어 주는 것을 눈을 감고 들었다면 이제 눈을 뜨세요. 그리고 서두르지 말고 잠깐 기다렸다가 천천히 일어나세요.

하지만 잠자리에 들 거라면, 이야기는 다음과 같이 끝을 맺게 됩니다.

❝ 어린이 여러분은 소풍을 다녀와서 피곤합니다. 그러나 기분은 좋습니다. 산소통을 내려놓고 오리발과 잠수복과 잠수용 마스크를 벗으세요. 네모 함장님이 옆에서 도와줄 거예요. 다 벗었으면 함장님을 따라 선실에 있는 침대로 가세요. 이제 침대에 몸을 웅크리고 눕습니다. 이제 소풍 나가는 꿈을 꾸며 편안하게 잠이 듭니다. ❞

• 열세 번째 소풍 준비하기

어린이 여러분, 네모 함장님의 초대를 받아 잠수함 노틸러스 호에 탔다고 상상해 보세요. 이제 어린이 여러분은 네모 함장님과 함께 전 세계 바다를 여행하며 신기하고 아름다운 바다 밑 세상을 보게 됩니다. 어린이 여러분은 가끔 네모 함장님과 함께 소풍을 나가기도 합니다. 소풍은 정말 재미있어요.

 소풍을 나갈 때는 잠수복을 입어야 해요. 아주 신기한 잠수복이라서 입는 순간 정말 마음이 편해져요.

 그러면 이제 잠수복을 입어 볼까요? 먼저 한쪽 다리를 잠수복 안에 넣으세요. 그리고 '한쪽 다리가 진짜 편하다'고 말

해 보세요. 그 다음, 다른 쪽 다리도 잠수복에 넣으세요. 그 다리도 정말 편해요. 이제 '다른 쪽 다리도 아주 편하다'고 말해 보세요. 그 다음 엉덩이 위로, 등 위로 잠수복을 끌어올려 입으세요. 한쪽 팔을 잠수복 안에 넣고 '한쪽 팔이 아주 편하다'고 말해 보세요. 이제 다른 쪽 팔을 잠수복 안에 넣으세요. 그 팔도 편하지요? '다른 쪽 팔도 아주 편하다'고 말해 보세요. 잠수복에 달린 모자를 쓰고, 앞에 달려 있는 지퍼를 잠그세요. 이제 어린이 여러분의 몸은 잠수복에 둘러싸여 보호를 받고 있습니다. 마음대로 늘어나는 편안한 잠수복을 입으니 기분도 좋고, 정말 편합니다.

 마지막으로 오리발을 신고 잠수용 마스크를 쓴 다음, 등에다 산소통을 집니다. 네모 함장님이 도와줄 거예요. 산소통까지 맸으면 네모 함장님을 따라 호흡장치를 입에 무세요. 이제 바다 밑으로 소풍을 나갈 준비가 끝났습니다.

침몰한 해적선

 네모 함장님이 노틸러스 호의 해치를 열고 물 속으로 들어갑니다. 어린이 여러분도 그 뒤를 따라서 물 속으로 들어갑니다. 그리고 바다 밑바닥에 있는 곱고 하얀 모래 위에 사뿐히 발을 내딛습니다. 네모 함장님은 오늘 아주 특별한 일을 하려고 합니다. 함장님은 어린이 여러분과 함께 해적선을 탐험해 보기로 했습니다. 그 배는 옛날에 바다에서 전투를 하다가 침몰했습니다. 함장님은 다시 한 번 그 배를 찾아내고 싶어합니다. 함장님은 예전에 그 배를 둘러본 적이 있다고 합니다. 어린이 여러분에게도 그 이야기를 해주었지요.

 어린이 여러분은 함장님과 함께 밝고, 따뜻한 물 속을 헤엄쳐 갑니다. 바닷물을 통해 비쳐 들어온 햇빛이 모든 것을 너무나 아름답게 비추고 있습니다. 이제 물고기들은 어린이 여러분과 네모 함장님의 아주 친숙한 동반자입니다. 물고기들은 편안하고 안전하게 주위를 헤엄칩니다. 어린이 여러분도 그 물고기들처럼 편안하고, 안전하다고 느낍니다. 어린이 여러분은 잠수복을 입고 있기 때문에 아무것도 무섭지 않습니다. 왠지 몸이 좀 무겁게 느껴집니다. 먼저 양쪽 팔이 무겁게 느껴집니다. 그래서 어린이 여러분은 마음속으로 '양팔이 이상하게 무겁다! 양팔이 이상하게 무겁다!'고 중얼거립니다. 어린이 여러분은 편안하고 안전하게 네모 함장님 곁에서 헤엄치면서 마음속으로 이렇게 중얼거립니다. '양다리가 이상하게 무겁다! 양다리가 이상하게 무겁다!'

어린이 여러분과 네모 함장님은 미리 준비해 온 삽을 들고서 밝고 깨끗하며 따뜻한 물 속을 헤엄쳐 갑니다. 어린이 여러분은 침몰한 그 해적선을 다시 찾아내고 싶습니다. 잠시 후 네모 함장님이 멈춰 서서 주위를 둘러봅니다. 그러고는 계속 헤엄을 칩니다. 이제 어린이 여러분과 함장님은 아까와는 다른 방향으로 헤엄쳐 가고 있습니다. 혹시 거센 물결에 너무 많은 모래가 휩쓸려 온 것은 아닐까요? 그래서 침몰한 해적선이 모래 더미에 완전히 묻혀 버린 것은 아닐까요? 그러면 다시는 해적선을 찾을 수 없을 텐데요. 그런 생각을 하니 슬퍼집니다. 왜냐하면 어린이 여러분은 해적선을 찾는다는 생각에 잔뜩 들떠 있으니까요.

갑자기 네모 함장님이 모래 언덕을 가리킵니다. 어린이 여러분은 네모 함장님과 함께 그쪽으로 헤엄쳐 가서 모래 언덕 주위를 돕니다. 놀랍게도 침몰한 해적선의 일부분이 눈앞에 나타납니다. 특히 배의 가운데 부분과 뱃머리가 아주 잘 보입니다. 배의 뒷부분은 모래 속에 깊이 파묻혀 있습니다. 네모 함장님이 기다리라고 손짓합니다. 하지만 어린이 여러분은 당장 함장님과 같이 해적선으로 헤엄쳐 가고 싶습니다. '흥분하지 마세요. 그러면 다 잘될 거예요!'라는 네모 함장님의 충고가 많은 도움이 됩니다. 이 말 덕분에 어린이 여러분은 힘들지만 기다릴 수 있습니다.

어린이 여러분은 네모 함장님이 해적선으로 헤엄쳐 가는 모습을 지켜봅니다. 그리고 함장님이 해적선을 살펴보는 모습도 유심히 지켜봅니다. 얼마 후 함장님이 가까이 오라고 손짓합니다. 마침내 해적선을 정복할 수 있는 기회가 오자 어린이 여러분은 무척이나 기쁩니다. 배는 전부 나무로 되어 있습니다. 하지만 바닷말 같은 해초들이 배 여기저기에 뿌리를 내려 배는 나무로 만들어진 것 같지 않습니다. 네모 함장님은 모래로 뒤덮여 있는 해적 선장의 방을 찾아냅니다. 어린이 여러분은 네모 함장님과 함께 삽으로 모래를 퍼냅니다. 어린이 여러분은 몸이 더워진 것을 느낍니다. 그래서 마음속으로 '양팔이 아주 따뜻하다! 양팔이 아주 따뜻하다!'고 중얼거립니다. 한 옆으로 퍼낸 모래가 바닷물이 움직일 때마다 선장의 방으로 다시 흘러 들어갑니다. 그래서 어린이 여러분은 퍼낸 모래를 해적선에서 멀리 떨어진 곳에 쌓아두고 옵니다. 그렇게 왔다갔다하는 사이 양쪽 다리 역시 따뜻해집니다. 그래서 어린이 여러분은 마음속으로 '양다리가 아주 따뜻하다! 양다리가 아주 따뜻하다!'고 중얼거립니다.

시간이 좀 걸리긴 했지만 어린이 여러분과 네모 함장님은 해적 선장의 방을 깨끗이 치웠습니다. 이제 어린이 여러분은 네모 함장님과 그 안으로 헤엄쳐 들어가 안을 꼼꼼하게 살펴봅니다. 어린이 여러분과 네모 함장님은 아주 멋진 무늬가 새겨진 오래된 나무 의자를 하나 찾아냅니다. 오랫동안, 짠 바닷물 속에 있다 보니 그런 무늬가 새겨진 것 같습니다. 다른 쪽에는 굉장히 커다란 상자가 하나 놓여 있습니다. 어린이 여러분은 그 안에 보물이 들어 있으면 좋겠다고 생각합니다. 네모 함장님과 어린이 여러분은 그 상자를 열려고 합니다. 그러나 상자는 쉽게 열리지 않습니다. 하지만 포기하지 않고 계속 시도한 끝에 결국 성공합니다. 상자의 뚜껑을 들어올리는 순간, 어린이 여러분은 상자 안에 무엇이 들어 있을지 몹시 궁금합니다. 그러나 상자 안에는 모래와 물뿐입니다. 어린이 여러분과 네모 함장님은 해적 선장의 방에서 나와 다른 곳으로 헤엄쳐 갑니다. 배를 조정하는 키가 있습니다. 어린이 여러분은 키를 잡고 이리저리 움직여 봅니다. 하지만 마음먹은 대로 되지 않습니다. 어린이 여러분은 양손에 키를 잡고 상상에 빠져듭니다. 어린이 여러분은 전 세계 바다를 휘젓고 다니는 무시무시한 해적입니다. 지금은 따뜻한 섬나라로 가려고 배를 조종하고 있습니다. 어린이 여러분은 편안하고 안전하며 몸도 적당히 무겁고 또 따뜻해졌다고 느낍니다.

네모 함장님이 상상에 빠진 어린이 여러분을 깨워 잠수함으로 돌아가자고 합니다. 어린이 여러분과 네모 함장님은 삽을 챙겨서 잠수함 노틸러스 호가 있는 쪽으로 헤엄쳐 갑니다. 어린이 여러분은 두 번이나 몸을 돌려 침몰한 해적선을 다시 봅니다. 잠시 어린이 여러분은 그 배의 선장이 되어 위풍당당하게 갑판 위를 거니는 모습을 상상해 봅니다. 어린이 여러분은 몸을 보호해 주는 잠수복을 입고서 만족스럽고 편안한 마음으로 잠수함 노틸러스 호가 있는 쪽으로 헤엄쳐 갑니다. 그러면서 마음속으로 '팔다리가 이상하게 무겁다! 팔다리가 이상하게 무겁다!'고 중얼거립니다. 기분 좋을 정도의 따뜻한 기운이 온몸에 흐르고 있습니다. 그래서 어린이 여러분은 '팔다리가 아주 따뜻하다! 팔다리가 아주 따뜻하다!'고 마음속으로 속삭입니다.

이제 어린이 여러분과 네모 함장님은 잠수함 노틸러스 호에 도착했습니다. 어린이 여러분은 해치를 열고 잠수함 안으로 들어갑니다.

만일 숙제를 해야 한다면, 이야기는 다음과 같이 끝을 맺게 됩니다.

❝ 어린이 여러분, 이제 아름다운 꿈에서 깨어나세요. 숨을 깊이 들이마셨다가 천천히 내쉬어 보세요. 한 번 더 숨을 깊이 들이마셨다가 천천히 내쉬어 보세요. 그리고 양쪽 팔을 굽혔다가 쭉 펴세요. 만약 다른 사람이 읽어 주는 것을 눈을 감고 들었다면 이제 눈을 뜨세요. 그리고 서두르지 말고 잠깐 기다렸다가 천천히 일어나세요. ❞

하지만 잠자리에 들 거라면, 이야기는 다음과 같이 끝을 맺게 됩니다.

❝ 어린이 여러분은 소풍을 다녀와서 피곤합니다. 그러나 기분은 좋습니다. 산소통을 내려놓고 오리발과 잠수복과 잠수용 마스크를 벗으세요. 네모 함장님이 옆에서 도와줄 거예요. 다 벗었으면 함장님을 따라 선실에 있는 침대로 가세요. 이제 침대에 몸을 웅크리고 눕습니다. 이제 소풍 나가는 꿈을 꾸며 편안하게 잠이 듭니다. ❞

• 열네 번째 소풍 준비하기

어린이 여러분, 네모 함장님의 초대를 받아 잠수함 노틸러스 호에 탔다고 상상해 보세요. 이제 어린이 여러분은 네모 함장님과 함께 전 세계 바다를 여행하며 신기하고 아름다운 바다 밑 세상을 보게 됩니다. 어린이 여러분은 가끔 네모 함장님과 함께 소풍을 나가기도 합니다. 소풍은 정말 재미있어요.

소풍을 나갈 때는 잠수복을 입어야 해요. 아주 신기한 잠수복이라서 입는 순간 정말 마음이 편해져요.

그러면 이제 잠수복을 입어 볼까요? 먼저 한쪽 다리를 잠수복 안에 넣으세요. 그리고 '한쪽 다리가 진짜 편하다'고 말

해 보세요. 그 다음, 다른 쪽 다리도 잠수복에 넣으세요. 그 다리도 정말 편해요. 이제 '다른 쪽 다리도 아주 편하다'고 말해 보세요. 그 다음 엉덩이 위로, 등 위로 잠수복을 끌어올려 입으세요. 한쪽 팔을 잠수복 안에 넣고 '한쪽 팔이 아주 편하다'고 말해 보세요. 이제 다른 쪽 팔을 잠수복 안에 넣으세요. 그 팔도 편하지요? '다른 쪽 팔도 아주 편하다'고 말해 보세요. 잠수복에 달린 모자를 쓰고, 앞에 달려 있는 지퍼를 잠그세요. 이제 어린이 여러분의 몸은 잠수복에 둘러싸여 보호를 받고 있습니다. 마음대로 늘어나는 편안한 잠수복을 입으니 기분도 좋고, 정말 편합니다.

　마지막으로 오리발을 신고 잠수용 마스크를 쓴 다음, 등에다 산소통을 집니다. 네모 함장님이 도와줄 거예요. 산소통까지 맸으면 네모 함장님을 따라 호흡장치를 입에 무세요. 이제 바다 밑으로 소풍을 나갈 준비가 끝났습니다.

해저동굴

네모 함장님이 노틸러스 호의 해치를 열고 물 속으로 들어갑니다. 어린이 여러분도 그 뒤를 따라서 물 속으로 들어갑니다. 그리고 바다 밑바닥에 있는 곱고 하얀 모래 위에 사뿐히 발을 내딛습니다. 오늘 네모 함장님은 어린이 여러분에게 정말 놀라운 일을 경험할 것이라고 장담합니다. 그러나 그 일이 무엇인지는 말해 주지 않습니다. 하지만 어린이 여러분은 그것이 뭔가 특별한 것일 거라고 확신합니다.

어린이 여러분은 몸을 보호해 주는 잠수복을 입고 네모 함장님 곁에서 헤엄을 치고 있습니다. 물 속은 밝고, 따뜻하고, 햇볕으로 가득합니다. 어린이 여러분은 아름답게 빛나는 돌과 조개껍데기들 위로 미끄러지듯 헤엄쳐 갑니다. 언제나 그랬듯 물고기들은 이번에도 어린이 여러분과 네모 함장님을 따라옵니다. 오늘따라 물고기들의 비늘이 강렬하게 반짝거립니다. 파란빛, 초록빛, 빨간빛, 또 보랏빛도 있습니다. 어린이 여러분은 물 속에서 물고기들처럼 편안하고 안전하게 네모 함장님 곁에 붙어서 헤엄칩니다. 물 속이라서 그런지 어린이 여러분은 어느새 몸이 조금 무거워진 것을 느낍니다.

특히 양쪽 팔과 다리가 무겁게 느껴집니다. 그래서 어린이 여러분은 마음속으로 '양팔이 이상하게 무겁다! 양팔이 이상하게 무겁다! 양다리가 이상하게 무겁다! 양다리가 이상하게 무겁다!'고 중얼거립니다.

그렇게 물 속을 헤엄쳐 지나가는데 저 앞에 둥근 바위 여러 개가 번쩍거리는 것이 보입니다. 네모 함장님은 어떤 바위가 있는 쪽으로 곧장 헤엄쳐 갑니다. 어린이 여러분은 그 뒤에 무엇이 숨겨져 있을지 궁금합니다. 그래서 뭐가 있을까 곰곰이 생각해봅니다. 네모 함장님은 마치 뭔가를 찾는 것처럼 몇 개의 뾰족한 바위기둥 주위를 헤엄치고 있습니다. 어린이 여러분도 그 뒤를 따릅니다. 바위 사이의 아주 밝은 곳에서 해마 몇 마리가 우스꽝스러운 모습으로 깡충거리고 있습니다. 어린이 여러분과 네모 함장님은 해마들이 있는 곳으로 헤엄쳐 갑니다. 해마들이 항상 같은 모습으로 움직이는 게 정말 신기하고 놀랍습니다.

바위 사이의 아주 밝은 곳으로 다가가면서, 어린이 여러분은 환하고 넓은 그곳이야말로 동굴로 들어가는 입구가 틀림없다고 확신합니다. 해마 떼는 이제 더 이상 눈에 보이지 않습니다. 벌써 동굴 속으로 사라졌나 봅니다. 어린이 여러분은 네모 함장님 곁에서 침착하게 헤엄치면서 해저동굴 안으로 들어갑니다. 그 순간 어린이 여러분은 이런 생각을 합니다. '흥분하지 마세요. 그러면 다 잘될 거예요!' 어린이 여러분은 그 말을 자동적으로 되풀이합니다. 그리고 그 말은 매번 효과가 있습니다.

어린이 여러분과 네모 함장님은 널찍하고 아름다운 동굴에 도착합니다. 동굴 천장에는 커다랗고 둥근 구멍이 뚫려 있습니다. 햇빛이 그 구멍으로 들어와 동굴 안을 은빛과 초록색으로 물들입니다. 동굴 바닥은 폭신하고 부드러운 이끼로 가득합니다. 동굴 한쪽 벽에 움푹 팬 곳이 있는데, 그곳에서 햇빛이 유난히 밝게 반사됩니다. 어린이 여러분은 네모 함장님과 함께 그쪽으로 갑니다. 거기에는 마치 돌을 쪼아 만든 것 같은 커다란 조개가 하나 놓여 있습니다.

우묵하게 팬 자리 앞쪽에 의자처럼 생긴 돌이 두 개 있습니다. 네모 함장님이 그 중 하나에 걸터앉으면서 다른 돌을 가리킵니다. 어린이 여러분은 네모 함장님이 가리킨 돌 위에 앉습니다. 돌의자가 아주 따뜻해 어린이 여러분은 깜짝 놀랍니다. 그곳에 햇빛이 많이 쏟아져 내리는 탓이겠지요. 햇빛과 따뜻한 돌의자 덕분에 몸도 점점 따뜻해집니다. 특히 팔다리가 따뜻합니다. 어린이 여러분은 마음속으로 '양팔이 아주 따뜻하다! 양팔이 아주 따뜻하다! 양다리도 아주 따뜻하

다! 양다리도 아주 따뜻하다!'고 중얼거립니다. 어린이 여러분은 마치 어린 공주처럼 또는 어린 왕자처럼 돌의자에 앉아 자연이 만든 멋진 광경을 바라보며 찬사를 보냅니다. 어린이 여러분은 잠수복을 입고 있어서 편안하고, 안전하다고 느낍니다. 게다가 팔다리도 적당히 무겁게 느껴지고 몸도 아주 따뜻합니다.

어린이 여러분은 움푹 팬 곳에 놓여 있는 그 커다란 조개를 쳐다봅니다. 조개가 천천히 입을 벌리자 정말 놀라운 광경이 나타납니다. 어린이 여러분의 눈을 믿을 수 없을 정도입니다. 그 조개는 아무래도 커다란 진주조개 같습니다. 껍데기 겉면에는 일정한 간격으로 부챗살 모양의 무늬가 나 있습니다. 몇 초 지나자 조개의 입이 완전히 벌어집니다. 조개가 입을 많이 벌리면 벌릴수록 동굴 안이 더욱더 밝아집니다. 조개껍데기 안쪽은 진주빛깔로 반짝반짝 빛이 납니다. 동굴 안이 점점 환해지는 것은 바로 그 때문입니다. 조개껍데기 안에는 아주 커다랗고 유리구슬처럼 매끄러운데다가 상아같이 새하얀 조개가 한 알 들어 있습니다. 어린이 여러분은 그렇게 아름다운 것을 한 번도 본 적이 없습니다. 네모 함장님 역시 곁에서 주의 깊게 그 보물을 관찰합니다. 어린이 여러분은 팔다리에 적당한 무게를 느끼면서 또 온몸이 따뜻한 것을 느끼면서 돌로

된 왕좌에 앉아 진주를 품고 있는 조개를 들여다봅니다. 몇 분 뒤 조개는 다시 입을 닫습니다.

  어린이 여러분은 이제 동굴 가운데로 헤엄쳐 갑니다. 그리고 초록색으로 일렁이는 부드러운 이끼밭에 드러눕습니다. 구멍이 뚫린 동굴 천장 바로 아래지요. 햇볕이 배 위로 내리쬐자 온몸이 기분 좋을 정도로 따뜻해지는 것을 느낍니다. 잠시 후 네모 함장님이 다가와서 잠수함 노틸러스 호로 돌아가자고 신호를 보냅니다. 어린이 여러분은 편안하고 만족스러운 마음으로 물 속을 사뿐히 미끄러져 갑니다. 온몸은 따뜻하고, 팔다리는 기분 나쁘지 않을 만큼 묵직하게 느껴집니다. 마침내 어린이 여러분과 네모 함장님은 해저동굴 입구에 도착합니다. 널따란 입구를 헤엄쳐 빠져나오니, 동굴 밖에 해마 몇 마리가 무리 지어 있습니다. 잠수함으로 돌아가는 길에 어린이 여러분은 두어 번 몸을 돌려 반짝반짝 빛을 내는 둥그스름한 바위들을 바라봅니다. 네모 함장님이 놀라운 일이라고 한 것이 바로 이것이었나 봅니다. 어린이 여러분은 편안하고 안전하게, 적당히 무겁고 따뜻해진 몸으로 네모 함장님과 함께 헤엄쳐 갑니다. 주위에는 조그만 물고기들이 헤엄칩니다. 어느새 잠수함 노틸러스 호가 눈앞에 나타납니다. 어린이 여러분은 해치를 열고 잠수함 안으로 들어갑니다.

만일 숙제를 해야 한다면, 이야기는 다음과 같이 끝을 맺게 됩니다.

> 어린이 여러분, 이제 아름다운 꿈에서 깨어나세요. 숨을 깊이 들이마셨다가 천천히 내쉬어 보세요. 한 번 더 숨을 깊이 들이마셨다가 천천히 내쉬어 보세요. 그리고 양쪽 팔을 굽혔다가 쭉 펴세요. 만약 다른 사람이 읽어 주는 것을 눈을 감고 들었다면 이제 눈을 뜨세요. 그리고 서두르지 말고 잠깐 기다렸다가 천천히 일어나세요.

하지만 잠자리에 들 거라면, 이야기는 다음과 같이 끝을 맺게 됩니다.

" 어린이 여러분은 소풍을 다녀와서 피곤합니다. 그러나 기분은 좋습니다. 산소통을 내려놓고 오리발과 잠수복과 잠수용 마스크를 벗으세요. 네모 함장님이 옆에서 도와줄 거예요. 다 벗었으면 함장님을 따라 선실에 있는 침대로 가세요. 이제 침대에 몸을 웅크리고 눕습니다. 이제 소풍 나가는 꿈을 꾸며 편안하게 잠이 듭니다. "

지은이 **울리케 페터만**
브레멘 대학교 병원에 어린이 외래 진료부를 만들었고 지금은 도르트문트 대학교에서 장애인 재활을 지도하며 신체적으로나 심리적으로 장애를 가진 사람들의 사회복귀를 돕고 있다. 심리장애자와 행동장애자에 대한 교육학을 강의하고 있으며 행동장애 제거를 위한 심리 치료사로도 일하고 있는, 긴장이완 치료의 최고 전문가이다.

옮긴이 **선우미정**
서강대학교 독문과를 졸업하고 독일 지겐 대학에서 대중매체학, 철학, 독문학을 공부했다.
1999년부터 2001년까지 캐나다에 3년 동안 거주하면서 컴퓨터 출판과 TESL자격증을 땄다. (주)캄코에서 독일어를 가르쳤으며, 『기관차 대여행 1,2』『우리가 알고 싶은 바로 그것』시리즈를 비롯해 『개는 왜 우리를 사랑할까』를 번역했다. 지금은 시골에 살면서 전문번역가로 활동 중이다.